스마트 스포츠 정보학

최성훈 지음

UUP

스마트 스포츠 정보학

- 2016년 12월 26일 초판 인쇄
- 2016년 12월 30일 초판 발행
- 지은이 최성훈
- 펴낸이 오연천
- 펴낸곳 UUP(울산대학교출판부) 680-749 울산광역시 남구 대학로 93(무거동) 울산대학교 출판부
- 전화 (052)259-2488 팩스 (052)277-3011 ▪ 홈페이지 http://uup.ulsan.ac.kr
- 출판등록 제370-1996-000001호(1996.3.13)
- ₩ 11,000

이도서의 국립중앙도서관 출판도서목록(CIP)은 e-CIP 홈페이지(http://www.nl.go.kr/ecip)에서 이용하실 수 있습니다.(CIP제어번호: CIP2016031948)

ISBN 978.89.7868.401.9 (93690)

머리말

컴퓨터의 발명과 진화, 인터넷의 보급과 확산(diffusion), 전화-컴퓨터-인터넷 등을 융합(convergence)한 스마트폰의 발명과 보급, 발전과 확산 등은 우리 사회를 엄청난 속도의 정보화 사회로 끌고 가고 있어서 긍정적인 측면과 부정적인 측면이 부각되고 있다. 18세기 왓슨(Watson)은 증기기관차의 소형화에 성공하였고 산업혁명의 시발점으로 기록되고 있다. 컴퓨터의 운영체제를 획기적으로 개선한 마이크로소프트사의 빌 게이츠(Bill Gates) 와 지금은 고인이 되었고 빌 게이츠와 라이벌이었던 애플사(Apple)의 신화를 남긴 스티브 잡스(Steve Jobs) 등은 현대사회의 정보혁명을 주도했던 사람들이었다.

컴퓨터는 많은 양의 일을 엄청난 속도로 처리하고 있고 인터넷 세상에서는 개인과 개인, 개인과 사회, 국가와 민족주의(nationalism)를 넘어서 세계화(globalization)되고 있다. 진화를 거듭하고 있는 스마트폰은 유비쿼터스(ubiquitous) 환경에서 전화기와 컴퓨터, 인터넷 역할을 동시에 수행하면서 수많은 정보와 지식을 생산하고 전달하고 있다.

19세기로 접어들면서 스포츠는 본격적으로 상업화되기 시작하였고 20세기에는 올림픽이나 월드컵 같은 메가 스포츠 이벤트를 중심으로 발전하게 되었다. 21세기에 접어들면서 스포츠는 나라와 지역사회를 발전시키는 성장 동력의 하나로서 도시를 발전시키고 많은 일자리

창출과 함께 부가가치가 높은 중요한 산업으로 자리를 확고히 하고 있으며 어느 때보다 스포츠에서 정보화가 빠르게 진행되고 있다. 다시 말하면 다양한 스포츠 상황에서 지금 이 순간에도 수많은 정보가 발생되고 있어서 스포츠 정보의 생산 및 기록, 저장과 데이터베이스 시스템 개발, 스포츠 경기 분석 등이 시급하게 요구되고 있다.

스포츠 또는 체육 관련 학부 또는 학과의 교과과정(curriculum) 속에서 스포츠정보학에 대한 필요성은 충분히 공감하면서도 아직까지 우리나라에서는 스포츠정보학에 대한 서적을 발견하기는 쉽지 않다. 비슷한 교과목이 있다고 하더라도 관점이나 내용에서 많은 차이가 있고 대부분 학교에서 교수자 개인이 준비한 교재에 의존하는 경우가 많기 때문에 학생들에게 혼란을 가중시키기도 한다.

어쨌든 수년 간 노력 끝에 만들어 진 '스포츠정보학(sport informatics)'은 울산대학교 출판부의 도움으로 어렵게 출간하게 되었다. 아직까지 완전하지는 않지만 스포츠정보학의 정의와 개념, 스포츠 관련 정보의 생산, 수집과 획득, 스포츠와 관련된 정보의 처리와 변환, 그리고 컴퓨터를 이용한 실습 등은 스포츠 분야를 이해하고 활용을 통해서 스포츠 전문가로서 성장하는데 많은 도움이 될 것으로 판단된다.

실제적으로 '스포츠정보학'은 학부과정에서 학생들이 원하는 만점 보고서나 창의적인 과제를 어떻게 만들어야 하는지, 많은 사람들로부터 주목 받는 멋진 발표를 위해서 꼼꼼히 준비할 것은 무엇인지 알려줄 수 있다. 또한 스포츠정보학은 졸업 후 취업이나 창업을 위해서도 문서 기안이나 프로젝트 개발과 관련된 사업 보고서와 발표 자료를 실습을 통해서 배울 수 있기 때문에 우리 학생들에게 직접적으로 도움이 될 수 있을 뿐만 아니라 스포츠 현장에서 바로 사용할 수 있는 실무 능력을 구비하는데 이상적일 수 있다.

스포츠정보학은 일반 대학교 학부 또는 학과 수업을 한 학기 기준으로 14장으로 구성하였고 설명과 실습, 사례 등이 포함되어 있다. 1장과 2장은 스포츠정보학의 개념, 3장은 스포츠와 관계된 컴퓨터의 하드웨어와 소프트웨어, 4장과 5장은 스포츠 사진과 동영상 정보의 생산, 6장은 스포츠 정보의 탐색과 저장, 7장과 8장은 한글과 마이크로소프트 워드로 스포츠 보고서 만들기, 9장과 10장은 엑셀을 이용한 스포츠 정보의 생산, 11장과 12장은 파워포인트와 프레지를 이용한 스포츠 발표자료 만들기, 13장은 스포츠경기 프로그램, 14장은 스포츠통계 프로그램 등으로 구성하였고 보다 구체적인 사항은 컴퓨터와 관련된 여러 가지 책을 보기 바란다.

다시 한 번 가족의 소중함을 깨닫게 해주는 사랑하는 아내 송주영, 우리 첫째 딸 연수, 둘째와 셋째 쌍둥이, 연우와 연아에게 이 책을 선물한다.

목 차

01

오리엔테이션 (Orientation)

여러분은 1장 오리엔테이션을 통해서 스포츠정보학 수업의 전반적인 진행방향을 이해할 수 있게 된다. 따라서 첫 장은 수업의 목적과 목표, 수업 진행 방법, 중간고사와 기말고사, 평가로 구성되어 있다.

1. 수업의 목적

우리 스포츠과학부에서 '스포츠정보학'은 당초 취업과 직무능력 향상을 위해서 만들어졌고 처음에는 '스포츠정보처리실습'이라는 과목으로 1학점이었다. 당시 스포츠정보학을 학부과정에 개설한 체육학과는 거의 없었고 순천향대학의 우상연교수가 '스포츠정보처리'라는 책을 출간하였다.

2013년에 들어서 스포츠정보학(안문용, 임운학, 이인환)이라는 책이 출간되었다. 이 책은 스포츠사회학, 스포츠교육학, 스포츠심리학, 스포츠마케팅, 스포츠법학, 생활체육, 스포츠생리학, 운동역학, 여가학 등 체육학 정보에 관한 개괄적인 설명이 대부분이고 영문 표기도 'Sports Information'이라고 표기하고 있어서 전문적인 스포츠정보처리와 관련된 서적이라고 할 수 없지만 스포츠정보처리에 대한 정의를 제시하고 있다.

'스포츠정보란 체육 스포츠현장에서 발견되는 다량의 정보를 수집하여 필요의 목적과 의도에 따라 분류·가공·처리하고, 인간의 사고와 컴퓨터라는 도구를 이용하여 우리에게 유용한 정보를 새롭게 창조하는 것이다.'

이제 스포츠 현장에서는 컴퓨터와 인터넷, 스마트폰을 이용해서 다양한 자료를 모으고 수많은 스포츠 자료를 처리해서 유용한 정보를 생산해야 한다. 실제로 학생 운동선수를 포함해서 스포츠 해당학과 학생들의 컴퓨터 활용 능력은 매우 낮은 수준이다. 매년 학기말이면 학생들이 참여하는 연구발표대회가 있다. 우리 학생들은 예상을 깨고 지금까지 좋은 성적을 내고 있는데 파워포인트를 제작하고 발표하는데 수준이 상당히 높아졌다는 평가이고 스포츠정보학이라는 수업을 통해서 컴퓨터 활용능력이 조금이라도 향상되었기 때문에 가능했다고 할 수 있다. 하지만 아직까지도 학생들이나 교수조차도 학부 과정에서 스포츠정보학 수업의 목적은 리포트 작성하고 발표를 준비하는 것처럼 협의적인 개념으로만 인식하고 있는 것 같다.

대부분 스포츠과학부의 교과과정을 살펴보면, 1학년에는 전공 구분이 없이 스포츠과학전공이지만 2학년부터는 생활체육전공과 운동건강전공으로 구분된다. 1학년 교육과정에서 스포츠정보학은 스포츠

과학개론의 리포트를 작성하고 발표하는데 도움이 된다. 특히 1학기에 인문대학에서 운영하고 있는 보고서 작성 및 발표, 교수법과 교육공학을 다루고 있는 스포츠교육학, 일반생물학, 기초전공실기Ⅰ, 수영Ⅰ, 체조, 웨이트트레이닝 등은 스포츠정보학과 연동이 가능할 것이다. 2학기에 진행하고 있는 체육사, 인체해부학, 일반화학, 기초전공실기Ⅱ, 수영Ⅱ, 축구, 태권도, 생활무용, 동계스포츠, 구급 및 안전관리 등의 실기 수업에서 발생하는 보고서와 발표를 준비하는데 도움이 될 수 있을 것이다. 원래 스포츠정보학은 3학년에 개설이 되어 있었지만 스포츠정보처리의 중요성이 강조되고 보고서작성 및 발표라는 과목과 함께 강의의 효과를 극대화하기 위해서 1학년 과목으로 이동할 가능성이 높다.

1학년 1학기	1학년 2학기
보고서작성 및 발표(2학점)	생활한문(2학점)
영어회화Ⅰ(2학점)	영어회화Ⅱ (2학점)
수영Ⅰ(1학점)	수영Ⅱ(1학점)
체조(1학점)	축구Ⅰ(1학점)
기초전공실기Ⅰ(1학점)	기초전공실기Ⅱ(1학점)
일반생물학(3학점)	일반화학(3학점)
웨이트트레이닝(1학점)	태권도Ⅰ, 그룹운동지도(1학점)
스포츠과학개론(3학점)	동계스포츠(1학점)
스포츠정보처리론(2학점)	체육사(2학점), 인체해부학(2학점)
스포츠교육학(2학점) *18학점	구급 및 안전관리(2학점) *19학점

2학년 교육과정에서 스포츠정보학은 통계학, 체육측정평가, 운동생리학, 스포츠심리학, 스포츠사회학, 여가학 등의 이론 교과목과 골프, 배구, 윈드서핑, 농구, 요트, 아쿠아로빅 등의 실기 교과목 등의 보고서와 발표에 도움이 된다. 왜냐하면 통계학, 건강 및 체력평가, 체육

측정평가 과목에서는 한글의 수식 기능을 사용해야 하고 엑셀의 데이터 입력과 함께 함수 기능 중에 통계 부분을 이용할 수 있어야 하기 때문이다. 참고로 여가학에서는 5쪽 내외의 리포트를 한글과 파워포인트를 이용해서 작성해야 해야 하는데 그림과 동영상을 편집하고 변환하는 기능이 필요하다. 이러한 컴퓨터 활용 능력은 스포츠정보학 수업에서 키울 수 있다.

	2학년 1학기	2학년 2학기
공통	과학과기술의역사(2학점)	정보문화와현대사회(2학점)
	영어읽기쓰기(2학점)	비판적사고와논증적글쓰기(2학점)
생활체육전공	**통계학(2학점)**	스포츠사회학(2학점)
	생활체육론(2학점)	골프 II(1학점)
	여가학(3학점)	요트(1학점)
	운동생리학(3학점)	배드민턴 II(1학점)
	수상인명구조(1학점)	농구(1학점)
	배드민턴 I(1학점)	**체육측정평가(3학점)**
	골프 I (1학점)	진로탐색세미나(1학점)
	윈드서핑(1학점)	뉴스포츠(1학점)
	배구(1학점) *19학점	*15학점
운동건강전공	골프 I(1학점)	**통계학(2학점)**
	스포츠심리학(3학점)	야외활동(1학점)
	인체생리학(2학점)	운동부하검사(1학점)
	기능해부학(2학점)	에어로빅스(1학점)
	농구(1학점)	운동생리학(3학점)
	건강 및 체력평가(1학점)	**체육측정평가(3학점)**
	수상인명구조(1학점)	아쿠아로빅(1학점)
	스포츠시설경영(2학점)	진로탐색세미나(1학점)
	댄스스포츠(1학점) *18학점	운동수행심리학(2학점) *19학점

3학년 교육과정에서 스포츠정보학은 체육측정평가, 스포츠마케팅, 운동역학, 스포츠사회학, 여가학, 여가프로그램 등의 리포트를 작성하는데 도움이 된다. 특히 스포츠마케팅 수업에서는 다양한 차트와 그래프를 활용하고 운동역학 수업에서는 다양한 동작들의 역학적인 분석이 이루어진다. 스포츠사회학 수업에서는 몇 가지 주제에 대해서 발표 수업이 이루어지고 여가프로그램 수업에서는 창의적인 여가프로그램 개발과 함께 제안서를 만들어야 한다.

	3학년 1학기	3학년 2학기
공통	인간행동의이해(2학점)	창업과경영(2학점)
	세계문화유산(2학점)	
생활체육전공	**체육측정평가(3학점)**	트레이닝방법론(2학점)
	스포츠마케팅(3학점)	스킨스쿠버(1학점)
	운동수행심리학(2학점)	스포츠시설경영(2학점)
	에어로빅스(1학점)	유도(1학점)
	인라인앤보드(1학점)	여가프로그램(2학점)
	테니스I(1학점)	스포츠영어(2학점)
	노인체육(2학점)	레크리에이션(1학점)
	운동역학(3학점)	**캡스톤디자인Ⅱ(1학점)**
	야구(1학점) *21학점	스포츠기술분석(2학점) *16학점
운동건강전공	트레이닝방법론(2학점)	운동역학(3학점)
	운동처방론(2학점)	배구(1학점)
	스포츠사회학(2학점)	스포츠마사지(1학점)
	해양레저스포츠(1학점)	운동손상과 재활원리(2학점)
	스포츠의학(2학점)	여가학(3학점)
	배드민턴 I(1학점)	**캡스톤디자인Ⅱ(1학점)**
	스포츠영어(2학점)	스포츠마케팅(3학점)
	스포츠투어리즘(2학점) *18학점	시니어건강운동(1학점) *17학점

4학년 교육과정에서 스포츠정보학은 체육학연구법, 운동학습 및 제어, 운동처방론, 재활트레이닝, 퍼스널트레이닝, 등산 및 캠핑, 스포츠지도론, 스포츠산업론, 스포츠미디어, 생애스포츠론, 캡스톤디자인 등의 리포트를 작성하는데 도움이 된다. 특히 체육학연구법 수업에서는 통계프로그램이나 엑셀 프로그램을 활용하여 통계분석과 함께 다양한 차트와 그래프를 접할 것이다. 또한 스포츠지로론 수업에서는 다양한 수업 또는 코칭계획서를 작성해야하는데 한글이나 워드에서 문서 작성 능력과 엑셀의 차트 그리기 능력, 파워포인트로 프리젠테이션 만들기 능력이 필요하다. 3학년에 이어서 4학년에서도 이루어지는 캡스톤디자인 수업은 그동안 배운 지식을 활용하여 문제해결 능력이나 사업계획서 작성 능력이 필요할 것이다.

	4학년 1학기	4학년 2학기
생활체육전공	스포츠복지론(2학점)	등산 및 캠핑(1학점)
	유아체육(2학점)	스포츠산업론(2학점)
	운동처방론(2학점)	스포츠지도론(2학점)
	캡스톤디자인 I(1학점)	스포츠미디어(2학점)
	볼링(1학점)	운동학습및제어(2학점)
	졸업평가 *8학점	졸업평가 *9학점
운동건강전공	재활트레이닝(1학점)	스포츠복지론(2학점)
	신체발육발달(2학점)	생애스포츠론(2학점)
	스포츠테이핑(1학점)	**체육학연구법(2학점)**
	퍼스널트레이닝(1학점)	운동영양학(2학점)
	특수체육(2학점), 졸업평가	운동손상평가(1학점)
	캡스톤디자인 I(1학점)	졸업평가 *9학점
	병태생리학(2학점) *10학점	

2. 수업의 목표

스포츠정보학은 중간고사와 기말고사를 포함하여 16주차로 구성되어 있다. 한 학기 분량이며 교수학습개발센터에서 운영하는 유클래스를 이용한다. 스포츠정보학의 목적을 바탕으로 목표를 요약하면 다음 여섯 가지로 요약할 수 있다.

- 스포츠정보학(Sport Informatics)의 개념 이해하기
- 스포츠 관련 정보를 생산하고 정보화 하는 능력 만들기
- ICT 기술과 e-러닝을 이용한 웹보조학습(WAI) 이해하기
- 사진/동영상 및 리포트 작성 능력 배양하기
- 마이크로소프트 엑셀 및 프레젠테이션 제작 능력 향상하기
- 다양한 스포츠의 지식을 융합하는 능력 습득하기

자신에게 좋은 수업이 되기 위해서는 스포츠정보학에 대한 개념을 이해해야 한다. 인터넷을 활용하여 세계 곳곳의 다양한 자료를 찾고 각자의 의견을 교환하는 것은 비판의식과 통찰력을 기르는데 좋다. 16주 동안 매 수업마다 진행되는 이론과 실습 과제는 대학 생활에서 리포트를 작성하는 능력을 배양하고 취업 준비와 직무 능력 향상에도 그만이다. 컴퓨터 활용능력은 많은 직장에서 필수적으로 요구하는 상황이고 동료와 청중을 상대로 우수한 발표 능력을 요구하고 있다. 결국 좋은 보고서와 발표는 그동안 배운 스포츠의 과학적 지식을 통합하는 능력이 요구된다고 할 수 있다.

3. 수업 진행 방법

1) 유비쿼터스 교육

유비쿼터스 [Ubiquitous]란 언제 어디서든지 존재한다는 라틴어로서 유비쿼터스 교육이란 언제 어디서나 스마트 폰이나 태블릿PC를 이용하여 수업과 관련된 자료들을 자유자재로 이용할 수 있는 수업 환경이라고 할 수 있다. 스포츠정보학 수업에서는 스마트폰이나 태블릿 PC, 노트북 등을 적극적으로 활용하여 주제와 관련된 다양한 자료들을 수집하고 분석한다.

최근 들어 스마트 교육의 형태로 대학교에서 운영되고 있는 사이버 강의나 강의도우미, 유클래스(Uclass) 등은 유비쿼터스 교육이 가능한 공간이다. 유클래스의 메뉴는 강의 계획서, 강의자료실, 과제물, 학습노트, 자기소개, 강의만족도, 학습현황, 과목게시판조회, 팀프로젝트, 토론방, 시험/퀴즈, 설문조사 등으로 구성되어 있다.

스마트폰 활용

아이패드 활용

웹을 활용한 맞춤식 교육

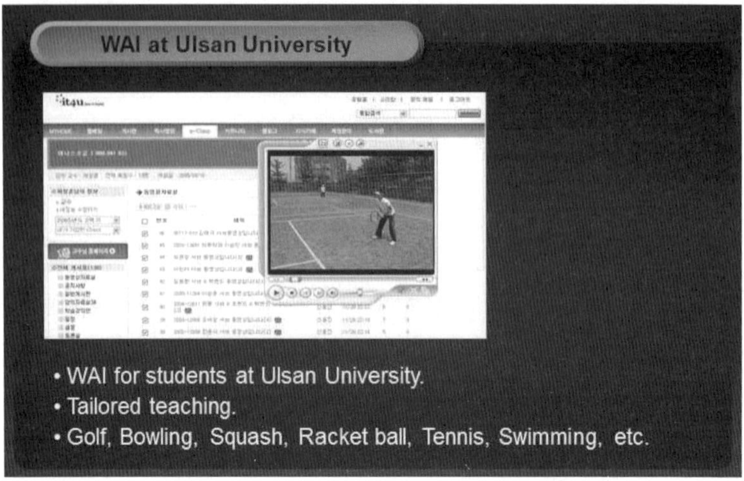

유비쿼터스 교육

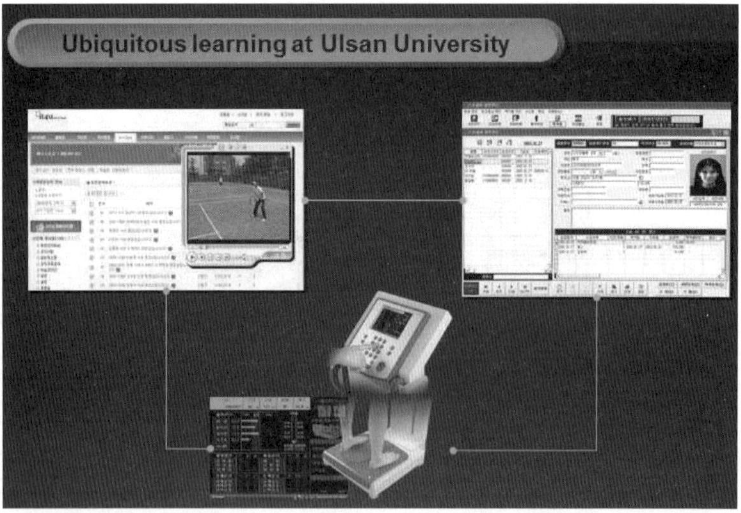

2) 수업의 진행

스포츠정보학 수업은 이론과 실습이 동시에 이루어진다. 이론 시간은 기본 개념과 원리를 설명하고 실습 시간에는 개념과 원리를 활용해서 과제를 완성하는 형태이다. 과제는 수준에 맞게 난이도를 조절하게 되는데 대부분 주어진 수업 시간 안에 해결할 수 있고 결과물은 유클래스 메뉴의 과제물에 업로드 하도록 한다. 과제물은 항상 제출기한이 명시되어 있으므로 해당 기한을 넘기지 않도록 주의한다. 특히 주의할 점은 컴퓨터가 예고 없이 다운될 수 있기 때문에 실시간 저장할 수 있도록 하고 제출한 과제는 가급적이면 네이버의 클라우드나 구글의 드라이브에 백업을 하도록 한다.

유클래스 메인 화면

유클래스는 교수모드와 학생모드로 구분되고 시스템의 불안이나 정전, 수간시청 기간, 중간고사와 기말고사 기간에는 과부하가 발생할 우려가 있기 때문에 미리 대비하는 게 좋다.

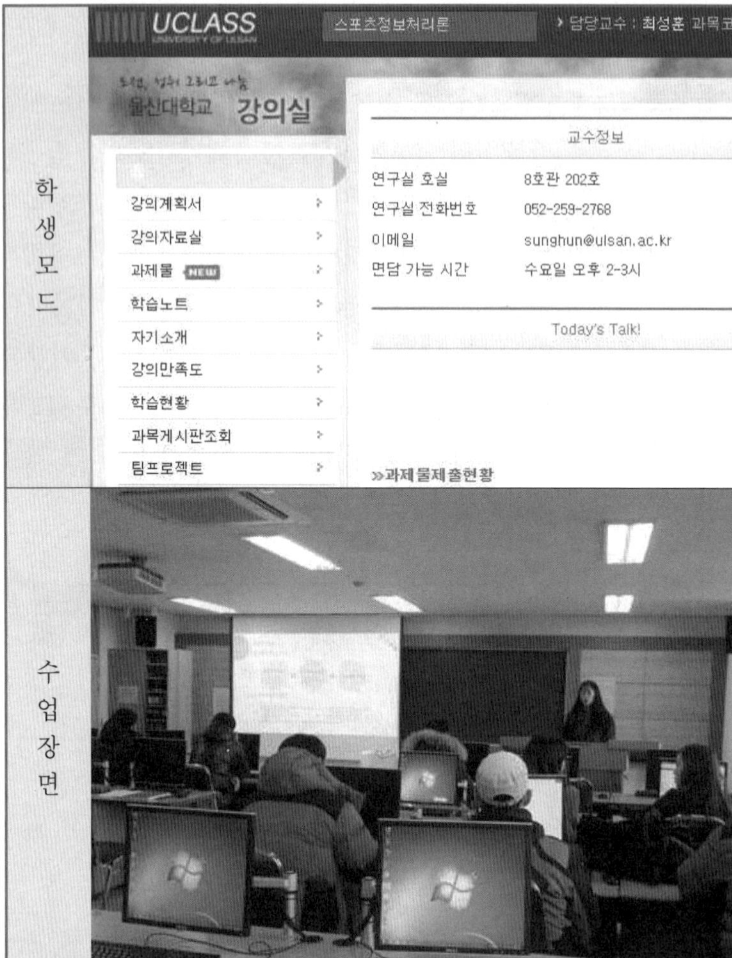

유클래스 학생모드와 수업장면

유클래스 과제제출 내역 화면

학과	모사율	기간내제출	제출여부	제출일	모사정보보기	제출내역상세	제출파일	채점
생활체육전공	0%	답안제출	Y	2016-11-09	모사정보보기	내역보기		0 / 100
생활체육전공	0%	답안제출	Y	2016-11-09	모사정보보기	내역보기		0 / 100
생활체육전공	0%	답안제출	Y	2016-11-09	모사정보보기	내역보기		0 / 100
생활체육전공	0%	답안제출	Y	2016-11-09	모사정보보기	내역보기		0 / 100
생활체육전공	0%	답안제출	Y	2016-11-09	모사정보보기	내역보기		0 / 100
운동건강관리전공	0%	답안제출	Y	2016-11-09	모사정보보기	내역보기		0 / 100
생활체육전공	0%	답안제출	Y	2016-11-09	모사정보보기	내역보기		0 / 100
운동건강관리전공	0%	답안제출	Y	2016-11-09	모사정보보기	내역보기		0 / 100
생활체육전공	0%	답안제출	Y	2016-11-09	모사정보보기	내역보기		0 / 100
생활체육전공	0%	답안제출	Y	2016-11-09	모사정보보기	내역보기		0 / 100
운동건강관리전공	0%	답안제출	Y	2016-11-09	모사정보보기	내역보기		0 / 100
생활체육전공	0%	답안제출	Y	2016-11-09	모사정보보기	내역보기		0 / 100
생활체육전공	0%	답안제출	Y	2016-11-09	모사정보보기	내역보기		0 / 100
생활체육전공	0%	답안제출	Y	2016-11-09	모사정보보기	내역보기		0 / 100

3) 중간고사와 기말고사

스포츠정보학 수업은 중간고사와 기말고사에 수시 평가를 포함한 과제 형태로 진행할 수도 있다. 시험의 형태는 강의자료 공개 형태(http://ocw.ulsan.ac.kr)로 웹상에 제시되어 있는데 해마다 평가 방법과 기준이 다를 수 있지만 기본적인 개념은 비슷하기 때문에 강의자료 공개라는 홈페이지의 활용도를 높여 보자.

① 성적은 100점 만점
② 출석 10점
③ 중간고사와 기말고사 각 20점
④ 과제 30점
⑤ 팀프로젝트 20점

4. 평가

1) 오리엔테이션 체크리스트 작성하기

① 16주간 수업계획을 전체적으로 파악한다(Yes, No).

② 스포츠정보학 관련 도서를 도서관에서 대출한다(Yes, No).

③ 중간, 기말 고사의 일정과 내용을 확인한다(Yes, No).

④ 과제 작성방법과 제출방법을 확인한다(Yes, No).

⑤ 휴대폰 또는 카메라를 준비한다(Yes, No).

2) 스포츠정보학 수업의 목적을 서술하시오.

3) 유비쿼터스 교육이란 무엇인지 쓰시오.

02

스포츠정보학 (Sport Informatics)

여러분은 이 장에서
스포츠정보학의 개념과 필요성, 역할을
이해하게 된다. 스포츠정보학이란 한마디로
스포츠 관련 데이터, 정보, 지식등을 생산,
관리, 활용하는 학문'이라고 할 수 있다.

1. 스포츠정보학의 개념

여러분은 학부과정 중에서 컴퓨터실습이나 스포츠정보처리 실습 또는 스포츠정보처리론이나 스포츠정보학이라는 과목을 들어본 적이 있는가? 이런 과목이 익숙하지 않더라도 여러분은 이미 컴퓨터 게임이나 인터넷, 스마트폰에 익숙한 세대이기 때문에 큰 어려움 없이 스포츠정보학에 입문할 수 있을 것이다.

스포츠정보학이란 '스포츠현장에서 경기/게임, 운동, 테스트와 같은 현상이나 사건, 이벤트 등을 통해서 발생하는 원천적인 자료(raw data)를 컴퓨터와 인터넷, 스마트폰과 카메라 같은 하드웨어나 한글이나 마이크로소프트 프로그램과 같은 소프트웨어 등을 활용하여 스포츠 관련 데이터, 정보, 지식 등을 생산(production), 관리(management), 활용(application)하는 학문'이라고 할 수 있다.

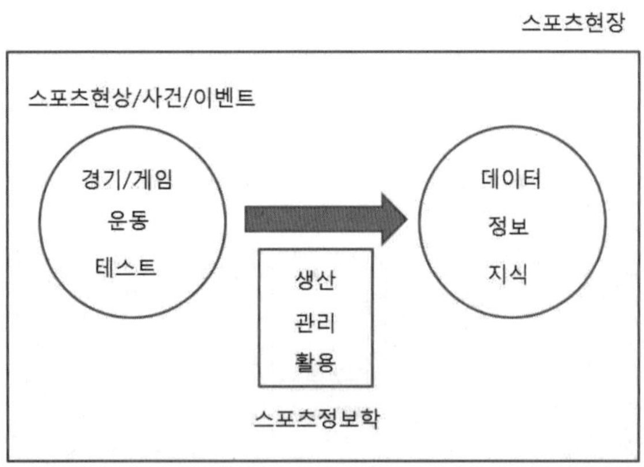

먼저 자료 또는 데이터, 정보와 지식의 생산 과정은 자료의 취합과 획득하는 과정을 포함하고, 관리 과정은 생산 자료의 처리와 저장 과정을 포함하며, 활용 과정은 관리 자료의 변환과 재생산, 출력 등을 포함

하는 확산 과정이다. 따라서 스포츠정보학은 세 가지 단계로 전개된다. 제 1단계는 스포츠 현장에서 일어나는 여러 가지 현상, 사건이나 이벤트, 다시 말하면 경기나 게임, 운동, 테스트 등에서 발생하는 다양한 원시자료(raw data) 또는 1차 자료를 취합하거나 획득, 생산하는 과정이다. 제 1단계를 학부과정에 적용하게 되면 체육사, 스포츠사회학, 스포츠마케팅과 스포츠시설경영, 스포츠교육학과 스포츠지도법, 여가학과 여가프로그램, 스포츠투어리즘, 운동생리학과 운동처방론, 트레이닝방법론, 인체생리학과 병태생리학, 기능해부학, 운동역학과 스포츠기술분석, 스포츠심리학과 운동수행심리학 . 체육측정평가 등과 관련된 원자료 또는 2차 자료를 사진이나 동영상, 데이터 형태로 취합하거나 획득, 생산하는 과정에 해당된다.

스포츠정보학에서 사진이나 동영상 촬영은 1차 자료의 생산 과정으로서 매우 중요하지만 대부분 사람들은 이러한 사실들을 간과해서 많은 스포츠 관련 정보의 손실이 우려된다.

수영장 안에서 사진이나 동영상 촬영은 휴대용 카메라나 스마트폰 등의 방수 기능 덕분에 안전하고 고해상도의 선명한 화질을 얻을 수 있어서 스포츠 정보로서 유용하다.

마찬가지로 스키산업에서 부츠 성형을 위한 발 사이즈의 측정에서 기록이나 축구경기에서 팀 전술의 기록 등은 스포츠의 정보화로 가는 지름길이다.

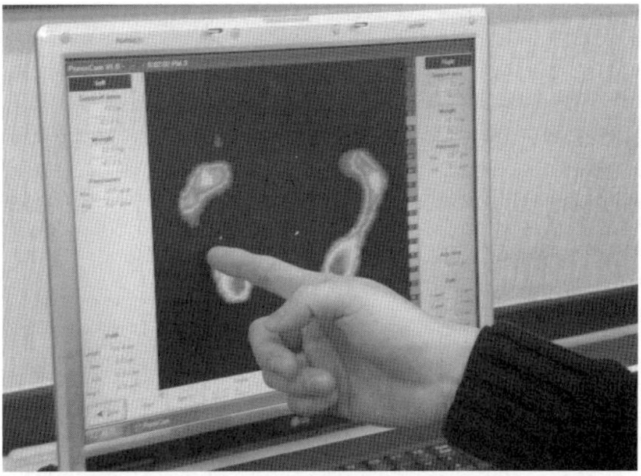

제 2단계는 태블릿 PC를 포함한 컴퓨터와 인터넷, 하드웨어와 소프트웨어를 이용해서 경기와 게임, 운동, 테스트 등과 같은 스포츠현장에서 발생하는 다양한 자료를 처리하거나 가공하고 저장(storage) 함으로서 유용한 데이터와 정보, 지식 등을 관리하는 과정이다. 관리 과

정에서 자료들은 유비쿼터스 환경에 맞게 최신의 상태로 유지되어야 하고 데이터베이스 시스템으로 전환 되어야 한다. 최상의 관리 속에서 유익한 데이터와 정보들은 지식(knowledge)이 되고 지식이 모여서 하나의 지식체(body of knowledge)를 형성하게 되면 모형(model)과 이론(theory)으로 발전하게 된다.

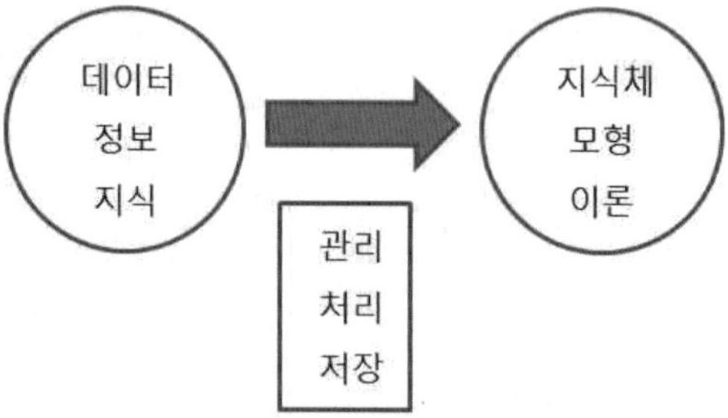

스포츠정보학

제 3단계는 관리된 정보를 출력하고 활용하는 과정으로서 보고서를 출력하거나 발표를 하는 확산 과정이다. 따라서 스포츠정보학은 한마디로 말하자면 '스포츠 정보를 생산-처리-활용하는 학문'이라고 정의할 수 있다. 일반적으로 인터넷을 이용한 검색과정이나 사이버강의와 같은 인터넷 강의는 엄밀하게 따지자면 2차 자료에 해당되기 때문에 제 2단계에 해당된다고 할 수 있다.

2016-1학기 사이버강의 개설과목 및 수강신청 안내

2016학년도 1학기 사이버강의 개설과목 현황 및 수강과 관련하여 아래와 같이 안내하오니 수강 희망생은 필히 확인 후 신청하여 주시기 바랍니다.

□ 교내 개설과목

순번	구분	과목코드	과목명	학점	담당교수	비고
1	교선	A00125	결혼과가족	2	정민자	
2	교선	Y00432	바다와배	3	권영중	
3	교선	A00960	인터넷윤리	2	구자록	
4	교선	Y00468	미국생활과문화의이해	3	한규만	
5	교선	Y00344	영한번역연습	3	한규만	
6	교선	Y00482	정주영과기업가정신	2	김해룡외	
7	교선	Y00469	행정학길라잡이	3	김도희	
8	교선	Y00513	사례를통해서배우는갈등해결의지혜	3	김도희	
9	교선	A00128	현대사회의이해	2	이성균	
10	교선	A00086	역사란무엇인가	2	김호연외	블렌디드
11	교선	A00101	공간예술의이해	2	성인수	
12	교선	A00956	세계문화유산	2	성인수	
13	교선	A00151	진로선택과자기계발	2	김한실	
14	교선	Y00558	한국의경제개발	2	조프리 칼리막	영어전용강의
15	교선	Y00559	한국의글로벌비즈니스및대기업	2	조프리 칼리막	
16	일선	A00961	국가안보론	2	김주홍	
17	전선	F00357	가족관계학	3	정민자	
18	전선	F00313	건강가정론	3	송혜림	
19	전선	M00336	기획론	3	이병철	
20	전선	C00402	남북한관계론	3	김주홍	
21	전선	C00958	비교경찰론	3	정우일	

- 교내 개설과목 수강은 UCLASS(uclass.ulsan.ac.kr)에 접속하여 UWINS ID/PW로 로그인 후 나의교과목에서 해당교과목 강의수강
- **블렌디드 과목은 격주로 온라인과 오프라인(강의실) 강의를 병행**하여 운영합니다.
- **교내 개설과목**은 성적산출은 **상대평가**로 진행됩니다.(과목별 강의계획서 참고)

□ 타 대학 교류 개설과목(교양선택)

주관기관	개발대학	과목명	학점	담당교수	수강인원	수강대상	수강홈페이지
KCU	숭실대	스피치와프리젠테이션	3	양선진	200	전체	www.kcucon.or.kr
	조선대	삶에약이되는약이야기	3	김명수	200	전체	
	조선대	e-비지니스커뮤니케이션	3	박노경	200	산업체장기인턴십	
	한신대	돈과삶	3	임석민	200	전체	
	대구가톨릭대	문화예술로본서양사	2	박유정	45	에너지공학2학년	
SDU	조선대	생활속의응급처치	3	안영준	30	전체	union.sdu.ac.kr
	SDU	드라마를통해살펴본한국패션사	3	이지현	30	전체	
	영남대	건강다이어트및비만관리	3	이근미	30	전체	
GeLC	경상대	광고이미지읽기	2	엄홍석	45	전체	www.gelc.or.kr
	동의대	인터넷무역	3	박영태	45	전체	
	경상대	비즈니스모델과창업론	3	조성의	45	전체	
	경상대	고사성어의탐구	2	황의열	45	에너지공학3학년	

2. 스포츠정보학의 필요성

스포츠정보학은 스포츠 또는 운동 과학의 영역에서 핵심적인 부분은 아니지만 스포츠정보학은 나름대로 다양한 장점을 제공하고 있어서 필요성은 날로 증대되고 있다. 미래는 지식정보화 사회로서 컴퓨터와 인터넷의 활용이 상상을 초월하고 있고 다양한 학문 간의 융합을 강조하고 있어서 스포츠정보학은 학부과정에서 꼭 필요한 과목이라고 할 수 있다. 또한 스포츠정보학은 다양한 자료와 콘텐츠를 기반으로 하고 있고 통합적인 기능이 강하기 때문에 대부분의 학부 과정에서 이수해야 하는 운동생리학과 운동처방, 트레이닝이론, 운동역학, 스포츠심리학, 운동발달 및 제어, 스포츠사회학, 스포츠경영, 스포츠교육학, 여가학과 여가프로그램 등의 교과목 등의 이해가 필수적으로 선행되어야 한다.

컴퓨터와 함께 한글과 워드, 엑셀, 파워포인트 등의 프로그램을 마음대로 상용하기 위해서는 컴퓨터 학원에 등록하거나 관련 서적을 구

입해서 실습과 함께 책을 꼼꼼히 읽어야만 한다. 따라서 어떤 사람들은 스포츠정보학을 학부과정의 정규 교과과정에서 가르치는 것을 반대할 수도 있다. 사실 이런 논리라면 영어나 수학도 대학에서 가르치지 말고 학원에서 배우면 된다. 하지만 스포츠정보학의 개념이나 장점, 필요성을 제대로 이해하고 있다면 컴퓨터 학원에서 스포츠정보학을 가르치는데 한계가 있다는 점을 분명히 하고 싶다. 왜냐하면 스포츠정보학은 단순히 보고서를 작성하고 엑셀이나 파워포인트와 같은 프로그램을 다루는 것보다 스포츠의 과학적 지식들을 생산 및 관리하고 면밀한 분석을 통해서 통합하는 능력이 필요하기 때문이다.

1) 컴퓨터 활용 능력 요구

대학 교과과정을 보면 보고서 작성과 발표 능력을 요구하고 있고 이러한 능력은 바로 학점으로 이어진다. 물론 컴퓨터 활용 능력이 좋다고 학점이 좋다는 것을 의미하지 않는다. 스포츠정보학 강의를 하다보면 컴퓨터 활용 능력 자격증을 가지고 있는 학생들이 수강하는 경우가 있었는데 스포츠 관련 지식이나 경험이 많지 않아서 오히려 좋은 학점을 취득하지 못한 경우도 있었고 이를 위해서 전공을 바꾸는 학생도 있었다. 왜냐하면 스포츠정보학 수업은 컴퓨터 관련 지식도 필요하지만 그동안 배웠던 스포츠 과학적 지식을 이해하고 활용하는 능력을 요구하기 때문이다. 물론 컴퓨터 활용 능력이 좋으면 과제를 작성하고 발표를 준비하는데 많은 시간을 절약할 수도 있고 졸업 후에도 취업하는데 매우 유용하게 사용될 것이다.

2) 스포츠 지식을 통합하는 능력이 필요

대학에서 이루어지는 교과과정을 살펴보면 각 과목마다 고유의 영역을 가지고 있다. 우리 학부는 취업을 위해서 2학년 교육과정에는 진로탐색세미나라는 과목이 있고 3-4학년 교육과정에는 캡스톤디자인 수업이 개설되어 있다. 말 그대로 진로탐색세미나는 미래의 진로에 대해서 알아보는 것이고 캡스톤디자인은 공학 계열에 국한하지 않고 학문분야별로 습득한 전문지식을 바탕으로 산업체(또는 사회)가 필요로 하는 과제 등을 학생들이 스스로 기획, 제작, 해결함으로써 창의성과 실무능력, 팀워크, 리더십을 배양하도록 지원하는 교육과정이다. 한마디로 캡스톤디자인은 그동안 배운 지식을 활용하여 아이디어를 만들고 이를 구체화하는 과정이라고 할 수 있고 학생들에게 매우 유익한 수업이다.

스포츠정보학은 캡스톤디자인 수업이 좋은 결과를 맺도록 데이터를 수집하고 통합하는 과정뿐만 아니라 발표까지 훌륭한 조력자 역할을 할 수 있었다. 반대로 스포츠정보학은 학생들에게 학부과정에서 이루어지는 다양한 이론과 실기 수업들이 왜 중요한지 깨닫게 해주었고 필요한 정보를 어떻게 생산하고 관리해야 되는지, 또 그러한 정보들을 효과적인 활용방법을 알게 되었으며 분석과 통합 능력을 심어주었다.

문수콜로세움

문수월드컵경기장
활용 방안

문수월드컵경기장을
활용한 프로그램 개발

2015년 1학기에 개설된 캡스톤디자인 수업의 주제는 문수월드컵경기장 활용방안으로서 여가프로그램을 개발하는 것이었다. 지금까지 80억 원이 넘는 문수월드컵경기장의 적자를 해소하기 위해서 다양한 여가프로그램 개발이 필요하다는 것이 이유였고 몇몇 학생들은 아주 열심히 수업에 참여했고 그 결과를 캡스톤디자인 페스티벌과 연구발표회에도 내놨다. 이러한 성과에도 불구하고 캡스톤디자인 수업에서 몇 가지 아쉬운 점이 발견되었다. 한 가지 예를 들면, 여가프로그램 개발에 필요한 스포츠 관련 전공 지식, 포스터와 프리젠테이션 제작 기술, 발표 능력과 그러한 경험 부족 등이 나타났다. 따라서 캡스톤디자인 수업과 여가프로그램 개발에서 필요한 스포츠의 과학적인 지식을 추출하면 다음과 같다.

- 체육사
- 인체해부학
- 기능해부학
- 운동생리학
- 트레이닝방법론
- 구급 및 안전관리
- 운동역학
- 스포츠심리학
- 스포츠마케팅
- 스포츠시설경영
- 여가학
- 여가프로그램
- 실기 과목

그리고 캡스톤디자인 수업과 여가프로그램 개발에서 필요한 컴퓨터 활용 능력은 다음과 같다.

- 효과적인 보고서 작성 능력
- 파워포인트를 활용한 포스터 제작 능력
- 프레지와 파워포인트를 활용한 프리젠테이션 기획 능력
- 사진/동영상의 편집과 변환 능력

4) 발표 능력 요구

발표도 스포츠정보학에서 다루어야 하는가? 먼저 발표도 스포츠정보처리 과정의 하나로 간주할 수 있는가라는 질문에 답할 수 있어야 한다. 발표는 스포츠정보학과 무관하게 비춰질 수 있기 때문이다. 하지만 스포츠정보학의 개념과 과정을 이해한다면 당연히 발표도 스포츠정보학에서 다룰 수 있어야 한다. 왜냐하면 발표는 정보의 수집에서 처리 과정까지 최종 단계에 위치하고 있고 스포츠정보학에서 동영상 제작과 변환, 레이저 프로젝트 활용, 인쇄물 제작 및 배포 등 몇 가지 경험적인 지식이 필요하기 때문이다.

3. 스포츠정보학의 역할

스포츠정보학은 스포츠 관련 교육과정에서 핵심적인 영역은 아니지만 매우 중요한 부분을 차지한다. 가운데 표시되어 있는 Sports Informatics(스포츠정보학)은 스포츠경영, 스포츠생리학, 스포츠교육학, 체육교육, 스포츠심리학, 여가학, 스포츠철학, 스포츠사회학 등의 교과목과 관련된 정보를 생산하고 활용할 수 있으며 발표와 보고서 작성뿐만 아니라 각 영역을 통합하고 분석하는 역할도 수행할 수 있다.

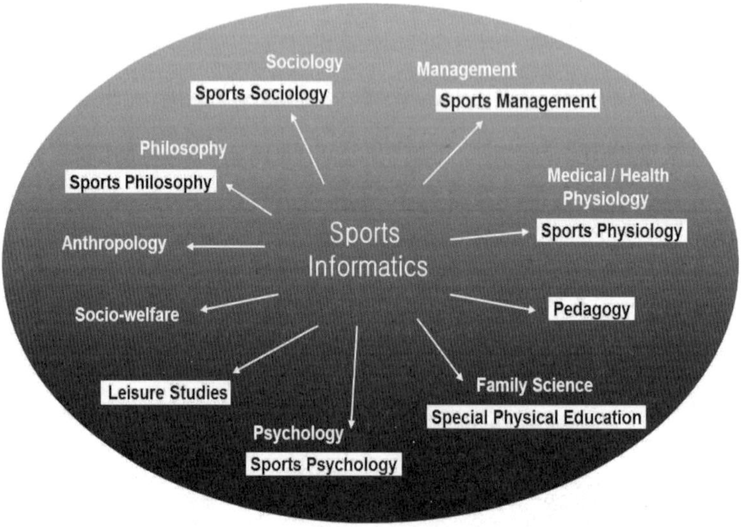

스포츠정보학의 역할을 고려한다면 생활스포츠지도사, 전문스포츠지도사, 건강운동관리사, 장애인스포츠지도사, 유소년스포츠지도사, 노인스포츠지도사 등의 스포츠와 관련된 지도자들에게도 꼭 필요한 교과목이라고 할 수 있다.

※ 체육지도사 또는 건강운동관리사 필기시험 과목

시험과목	2급전문 스포츠 지도사	2급생활 스포츠 지도사	2급 장애인 스포츠 지도사	유소년 스포츠 지도사	노인 스포츠 지도사	건강 운동 관리사
1) 스포츠심리학	선택	선택	선택	선택	선택	필수
2) 운동생리학	선택	선택	선택	선택	선택	필수
3) 스포츠사회학	선택	선택	선택	선택	선택	
4) 운동역학	선택	선택	선택	선택	선택	
5) 스포츠교육학	선택	선택	선택	선택	선택	
6) 스포츠윤리	선택	선택	선택	선택	선택	
7) 한국체육사	선택	선택	선택	선택	선택	
8) 운동상해						필수
9) 체육측정평가론						
10) 트레이닝론						
11) 기능해부학 (운동역학 포함)						필수
12) 건강·체력평가						필수
13) 운동처방론						필수
14) 병태생리학						필수
15) 운동부하검사						필수
16) 특수체육론			필수			
17) 유아체육론				필수		
18) 노인체육론					필수	
19) 스포츠영양학						
20) 건강교육론						
21) 장애인스포츠론						
	5과목	5과목	5과목	5과목	5과목	8과목

※ 운동생리학

1. 운동생리학의 개관	1. 주요 용어
	2. 운동생리학의 개념
2. 에너지 대사와 운동	1. 에너지의 개념과 대사작용
	2. 인체의 에너지 대사
	3. 트레이닝에 의한 대사적 적응
3. 신경조절과 운동	1. 신경계의 구조와 기능, 특성
	2. 신경계의 특성
	3. 신경계의 운동기능 조절
4. 골격근과 운동	1. 골격근의 구조와 기능
	2. 골격근과 운동
5. 내분비계와 운동	1. 내분비계
	2. 운동과 호르몬 조절

※ 스포츠심리학

1. 스포츠심리학의 개관	1. 스포츠심리학의 정의 및 의미
	2. 스포츠심리학의 역사
	3. 스포츠심리학의 영역과 역할
2. 인간운동행동의 이해	1. 운동제어
	2. 운동학습
	3. 운동발달
3. 스포츠수행의 심리적 요인	1. 성격
	2. 정서와 시합불안
	3. 동기
	4. 목표설정
	5. 자신감
	6. 심상
	7. 주의집중
	8. 루틴
4. 스포츠수행의 사회 심리적 요인	1. 집단 응집력
	2. 리더십
	3. 사회적 촉진
	4. 사회성 발달
5. 운동심리학	1. 운동의 심리적 효과
	2. 운동심리 이론
	3. 운동실천 중재전략
6. 스포츠심리상담	1. 스포츠심리상담의 개념
	2. 스포츠심리상담의 적용

※ 운동역학

1. 운동역학 개요	1. 운동역학의 정의
	2. 운동역학의 목적과 내용
2. 운동역학의 이해	1. 해부학적 기초
	2. 운동의 종류
3. 인체역학	1. 인체의 물리적 특성
	2. 인체 평형과 안정성
	3. 인체의 구조적 특성
4. 운동학의 스포츠 적용	1. 선운동의 운동학적 분석
	2. 각운동의 운동학적 분석
5. 운동역학의 스포츠 적용	1. 선운동의 운동역학적 분석
	2. 각운동의 운동역학적 분석

※ 스포츠교육학

1. 스포츠교육의 배경과 개념	1. 스포츠교육의 역사
	2. 스포츠교육의 개념
	3. 스포츠교육의 현재
2. 스포츠교육의 정책과 제도	1. 학교체육
	2. 생활체육
	3. 전문체육
3. 스포츠교육의 참여자 이해론	1. 스포츠교육 지도자
	2. 스포츠교육 학습자
	3. 스포츠교육 행정가
4. 스포츠교육의 프로그램론	1. 학교체육 프로그램 개발 및 실천
	2. 생활체육 프로그램 개발 및 실천
	3. 전문체육 프로그램 개발 및 실천
5. 스포츠교육의 지도방법론	1. 스포츠지도를 위한 교육모형
	2. 스포츠지도를 위한 교수기법
	3. 세부지도목적에 따른 교수기법
6. 스포츠교육의 평가론	1. 평가의 이론적 측면
	2. 평가의 실천적 측면
7. 스포츠교육자의 전문적 성장	1. 스포츠교육전문인의 전문역량
	2. 장기적 전문인 성장 및 발달

※ 스포츠윤리

1. 스포츠와 윤리	1. 스포츠의 윤리적 기초
	2. 스포츠윤리의 이해
	3. 윤리이론
2. 경쟁과 페어플레이	1. 스포츠경기의 목적
	2. 스포츠맨십
	3. 페어플레이
3. 스포츠와 불평등	1. 성차별
	2. 인종차별
	3. 장애차별
4. 스포츠에서 환경과 동물윤리	1. 스포츠와 환경윤리
	2. 스포츠와 동물윤리
5. 스포츠와 폭력	1. 스포츠 폭력
	2. 선수 폭력
	3. 관중 폭력
6. 경기력 향상과 공정성	1. 도핑
	2. 유전자 조작
	3. 용기구와 생체 공학 기술 활용
7. 스포츠와 인권	1. 학생선수의 인권
	2. 스포츠지도자 윤리
	3. 스포츠와 인성교육
8. 스포츠 조직과 윤리	1. 스포츠와 정책윤리
	2. 심판의 윤리
	3. 스포츠조직의 윤리경영

※ 한국체육사

1. 체육사의 의미	1. 체육사 연구 분야
2. 선사·삼국시대	1. 선사 및 부족국가시대의 체육
	2. 삼국 및 통일신라시대의 체육
3. 고려·조선시대	1. 고려시대의 체육
	2. 조선시대의 체육
4. 한국 근·현대	1. 개화기의 체육
	2. 일제강점기의 체육
	3. 광복 이후의 체육

※ 운동상해

1. 스포츠 손상의 예방	1. 스포츠 손상의 예방 대책
	2. 스포츠 의학팀의 역할과 기능
2. 스포츠 손상의 위험 관리	1. 환경적 고려
	2. 보호용 스포츠 장비
	3. 붕대 감기와 테이핑
3. 스포츠 손상의 기전	1. 손상에 대한 조직 반응
	2. 손상의 구조와 특성
4. 스포츠 손상의 관리 기술	1. 스포츠 손상과 질병의 심리적 중재
	2. 경기장에서의 급성치료와 응급처치
	3. 경기장 밖에서의 손상 평가와 처치
	4. 치료기기의 사용
5. 일반적인 의학적 상태	1. 주요 부분 상해
	2. 부가적인 의학적 상태
6. 스포츠 손상의 재활 운동	1. 재활 운동의 원리
	2. 재활 운동 프로그램 과정

※ 체육측정평가론

1. 체육측정평가의 이해	1. 개념
	2. 유형
2. 측정치의 해석	1. 통계적 개념
	2. 기술통계
3. 검사의 조건	1. 타당도
	2. 신뢰도
4. 인체계측	1. 인체의 측정과 평가
	2. 체형의 측정
5. 체력의 측정	1. 체력의 개념
	2. 체력검사의 실제
6. 신체구성	1. 신체구성의 개념
	2. 신체구성의 측정
7. 운동기능과 신체활동	1. 운동기능검사
	2. 신체활동검사

※ 트레이닝론

1. 트레이닝의 기초	1. 트레이닝의 개념과 목적
	2. 경기력의 개념과 요소
2. 트레이닝의 원리와 계획의 기초	1. 트레이닝의 생리학적 기초
	2. 트레이닝의 원리
	3. 트레이닝 계획의 기초
3. 체력 트레이닝 방법	1. 심폐지구력 트레이닝
	2. 근 기능 트레이닝
	3. 유연성 트레이닝
	4. 기타 체력 요소의 트레이닝
4. 연간 트레이닝 프로그램의 구성	1. 트레이닝의 주기화
	2. 트레이닝 주기화의 실제
5. 환경 적응 트레이닝	1. 고지 환경과 트레이닝
	2. 고온 환경과 트레이닝
	3. 수중 환경과 트레이닝
6. 성장발달과 트레이닝	1. 발달 단계와 특성
	2. 발달 단계와 트레이닝 지침
7. 운동 피로와 회복	1. 운동성 피로의 원인과 회복
	2. 과훈련

※ 기능해부학(운동역학 포함)

1. 기능해부학의 기초	1. 기능해부학의 개요
	2. 인체의 구분 및 측정부위
	3. 인체의 기본적 구성
2. 근골격계의 이해	1. 골격계의 구조와 기능
	2. 관절계의 구조와 기능
	3. 근육계의 구조와 기능
3. 인체역학	1. 인체 동작의 원리
	2. 관절 운동과 관련 근육
4. 자세와 보행의 인체역학	1. 자세
	2. 보행
	3. 주행(달리기)

※ 건강체력평가(건강운동)

1. 신체활동과 건강	1. 신체활동의 이점과 위험요인
	2. 신체활동과 만성질환
2. 운동참여 전 평가	1. 운동참여 전 건강검진과 위험분류
	2. 운동참여 전 평가
3. 체력검사와 평가	1. 건강 관련 체력검사
	2. 건강 관련 체력검사 평가

※ 병태생리학(건강운동)

1. 기본적인 질병 과정	1. 질병 기전
	2. 신생물과 암
2. 심혈관계 질환	1. 부정맥
	2. 관상동맥질환
	3. 고혈압
	4. 심부전
3. 호흡계 질환	1. 만성 폐쇄성 폐질환
	2. 천식, 운동성 천식
	3. 기흉
4. 척추관절 질환	1. 경부 추간판탈출증
	2. 요부 추간판탈출증
	3. 만성 요통
	4. 척추 측만증
5. 골 질환	1. 골다공증
	2. 관절염
6. 대사계 질환	1. 당뇨병
	2. 고지혈증
	3. 대사증후군
7. 신경계 질환	1. 뇌졸중
	2. 파킨슨병
	3. 알츠하이머병(치매)

※ 운동부하검사(건강운동)

1. 운동부하검사의 개요	1. 운동부하검사의 이해
	2. 운동부하의 안정성 평가
2. 운동부하검사의 준비	1. 운동부하검사 지침 및 절차
	2. 운동부하검사 방법과 형태
3. 운동부하검사의 수행	1. 운동부하검사 측정변인
	2. 운동부하검사의 금기사항 및 중단시점
	3. 운동부하검사 수행
4. 운동부하검사 결과의 해석	1. 운동부하검사 결과
	2. 운동부하검사 측정변인의 해석
	3. 운동부하검사의 응용

※ 특수체육론(2급 장애인)

1. 특수체육의 개요	1. 특수체육의 의미
	2. 특수체육에서 사용하는 사정과 측정도구
	3. 특수체육 지도전략
2. 장애유형별 체육지도 전략	1. 지적장애, 정서장애, 자폐성장애 등의 특성과 지도 전략
	2. 시각장애 특성과 지도 전략
	3. 청각장애 특성과 지도 전략
	4. 지체장애, 뇌병변장애의 특성과 지도전략

※ 유아체육론(유소년)

1. 유아체육의 이해	1. 유아기의 특징
	2. 유아기 운동발달
	3. 유아기의 건강과 운동
2. 유아기 운동발달 프로그램의 구성	1. 운동발달 프로그램의 기본원리
	2. 운동프로그램의 구성요소
3. 유아체육 프로그램 교수-학습법	1. 유아 체육 지도 방법
	2. 유아운동발달 프로그램 계획
	3. 유아 운동프로그램 지도
	4. 안전한 운동프로그램 지도를 위한 환경

※ 노인체육론

1. 노화와 노화의 특성	1. 노화의 개념
	2. 노화와 관련된 이론
	3. 노화에 따른 신체적·심리적·사회적 변화
2. 노인의 운동 효과	1. 운동의 개념과 역할
	2. 운동의 효과
3. 노인 운동프로그램의 설계	1. 운동 프로그램의 요소
	2. 지속적 운동참여를 위한 동기유발 방법
	3. 운동권고 지침 및 운동방안
4. 질환별 프로그램 설계	1. 호흡·순환계 질환 운동프로그램
	2. 근골격계 질환 운동프로그램
5. 지도자의 효과적인 지도	1. 의사소통기술
	2. 노인운동 시 위험관리

※ 스포츠영양학

1. 스포츠영양학의 개요	1. 각종 영양소와 기능
	2. 각종 영양소와 권장량
2. 운동과 열량원	1. 운동과 탄수화물
	2. 운동과 지질
	3. 운동과 단백질
3. 운동과 비타민·무기질	1. 비타민의 기능과 필요량
	2. 무기질의 기능과 섭취
4. 운동과 수분 섭취	1. 운동과 수분
	2. 수분 보충과 스포츠음료
5. 운동선수와 영양	1. 운동선수의 영양관리
	2. 체중조절과 영양
	3. 기능성 보조제의 활용과 도핑

※ 건강교육론

1. 건강교육의 이해	1. 건강과 건강교육
	2. 건강교육학의 기초
2. 건강교육과 발육발달	1. 발육발달의 정의
	2. 운동 발달과 특징
3. 만성질환과 운동	1. 심혈관계 질환과 운동
	2. 대사성 질환과 운동
	3. 근골격계 질환과 운동
	4. 신경계 질환과 운동
4. 스트레스와 건강관리	1. 스트레스의 이해
	2. 스트레스 평가, 관리
5. 건강과 장수	1. 건강과 노화
	2. 건강과 기호품

※ 장애인스포츠론

1. 장애인스포츠의 이해	1. 장애인스포츠 정의와 개념
	2. 장애인스포츠의 구조
	3. 장애인스포츠의 미래(비전)
2. 장애인스포츠의 실제	1. 장애인스포츠대회
	2. 종목별, 유형별 스포츠 특성
3. 장애인스포츠 지도	1. 스포츠의학과 트레이닝
	2. 스포츠 장비와 테크놀로지

4. 평가

1) 스포츠정보학의 개념 또는 정의를 설명하시오.

2) 스포츠정보학의 세 가지 단계를 설명하시오.

3) 스포츠정보학의 필요성 또는 역할을 설명하시오.

4) Information의 생산과 관련이 가장 많은 것은? (　)

① Coding　② Second data　③ Memory　④ Storage

5) 스포츠정보를 처리하는 것과 가장 관련이 적은 것은? (　)

① 통계　② 동영상 촬영　③ 파일변환　④ 데이터의 연동

6) 스포츠정보처리론의 입장에서 볼 때 Physical Battery Test의 중요성은 무엇인가? (　)

① 정보의 생산　② 정보의 변환

③ 정보의 저장　④ 지식의 활용

7) 체성분분석기로 체중, 골격근량, 체지방량, 체수분, 단백질, 제지방량, 무기질에 관한 1차 자료를 얻었다면 가장 관련이 높은 것은? (　)

① 정보의 생산　② 정보의 재생산

③ 정보의 처리　④ 정보의 저장

8) 2급생활스포츠지도사 시험과목을 쓰시오.

03

스포츠와 컴퓨터, 인터넷 (Sport & Computer, Internet)

이 장에서는 스포츠와 컴퓨터, 인터넷, 컴퓨터 활용 능력을 설명한다. 구체적으로 스포츠 특성과 유사개념, 컴퓨터의 구조와 용어, e스포츠와 e-러닝과 같은 용어에 친숙해 질 수 있을 것이다.

1. 스포츠와 컴퓨터

컴퓨터는 제 3의 산업혁명이었고 인류를 정보화 사회로 이끌고 있다. 역사를 연구하다보면 근대 컴퓨터의 발명은 중세의 산업혁명 당시 시계의 발명에 견줄 수도 있다. 또한 마이크로소프트의 창업자 빌 게이츠를 산업혁명 당시 증기기관차를 발명한 왓슨에 비유할 지도 모른다. 이들의 공통점은 최초의 발명가는 아니지만 발명품의 성능을 향상시키기고 예전보다 축소화하는데 성공한 사람들이었다.

컴퓨터는 인간의 삶을 이전의 삶과 훨씬 많이 바꾸어 놓았고 미래에는 더욱더 그럴 것이다. 컴퓨터는 우리에게 더욱더 많은 영향력을 행사할 것이다. 컴퓨터의 하드웨어적인 생각에 머무르지 않고 컴퓨터와 연관된 교육, 산업, 엔터테인먼트, 스포츠 등이 얼마나 빠르게 전달되고 소비되는지를 보면 쉽게 이해가 된다.

우리는 이미 일상을 지배했던 텔레비전이 아날로그 환경에서 모두 디지털 환경으로 변했다는 것을 알고 있다. 컴퓨터는 교육 환경이나 기관에도 많은 영향을 주었다. 교수들의 책상에 듀얼(dual) 모니터와 데스크 탑 형태의 컴퓨터 또는 노트북이 구비되어있고 학생들도 컴퓨터를 어디서든지 쉽게 이용할 수 있으며 이제는 간단히 스마트폰 하나로 성적과 출석, 수업 내용을 알 수가 있다. 물론 아직도 학교에서는 예전 방식대로 강의식 수업을 진행하고 있고 아날로그 방식의 수업만을 고집하는 경우를 볼 수 있다.

이와 반대로 한국방송통신대학교나 사이버대학 같은 온라인 강의를 채택하고 있는 경우도 보게 된다. 모든 수업이 똑 같은 조건이라면 이 두 가지를 결합한 e-러닝의 효과가 가장 높게 나타날 가능성이 높다.

1) 스포츠

스포츠란 운동경기나 운동종목을 의미할 때는 Sports라는 표현이 사용되고 8시와 9시 뉴스의 날씨 소식을 전하는 바로 앞에 나오는 스포츠 뉴스가 가장 좋은 예이다. 하지만 스포츠를 포함한 스포츠문화와 정치

등과 같이 보다 큰 의미에서는 Sport라는 표기가 일반적으로 사용된다. 스포츠라는 용어는 원래 여가를 뜻하는 옛 프랑스어 desport에서 유래한 단어라고 한다.

이 활동에는 어떤 도구의 도움 없이 몸만을 가지고 하는 신체 운동을 비롯하여 도구 혹은 동물의 힘을 이용하는 여러 스포츠들이 포함된다. 스포츠는 경쟁과 기록을 추구하고 신체적 능력의 한계에 도전하는 활동으로서 한 사람 한 사람이 하는 개인 스포츠와 여러 사람이 참여하는 단체 스포츠로 구분한다.

2) 컴퓨터

(1) 하드웨어

컴퓨터는 하드웨어와 소프트웨어로 구성되어 있다. 하드웨어는 컴퓨터를 구성하는 기계장치로서 본체, 기억장치, 주변장치를 말하고 물리적 장치라고 할 수 있다.

본체는 외관과 메인보드(Main Board)를 포함하여 컴퓨터의 성능을 나타내는 중앙처리장치(CPU: Central Process Unit), 작업을 하고 책상과 같은 기능을 하고 전원이 켜져 있는 동안만 기억하는 RAM (Random Access Memory), 부팅(Booting)과 같이 전원이 켜지는 순간에 명령이 자동적으로 수행되고 전원이 꺼지더라도 지워지지 않는 ROM(Read Only Memory), 그리고 하드디스크(Hard Disk)와 플로피디스크(Floppy Disk) 같이 컴퓨터가 메모리의 정보를 읽거나 외부에 기록할 수 있는 보조기억장치로 구성되어 있다. 실제 컴퓨터 내부를 보면 Main Board, CPU, Graphic Card, Memory, Power Supply, Case, Hard Disk 등을 볼 수 있다. 주변장치는 키보드라고 하는 입력장치와 모니터와 프린터로 구성된 출력장치가 있다.

① 중앙처리장치

컴퓨터에서 가장 핵심이 되는 부분은 중앙처리장치(CPU)이다. 중앙처리 장치는 제어장치, 연산장치 및 기억장치로 구분된다. 컴퓨터를 구성하는 5개의 장치 가운데 하나로, 중앙연산처리장치 내에 있다. 제어장치는 적절한 순서로 명령을 꺼내고, 각 명령을 해석하여 그 해석에 따라서 산술논리 연산장치나 기타의 부분으로 적절한 신호를 주는 부분이다. 연산장치는 컴퓨터에서 4칙 연산과 논리연산 등 계산을 주관하는 장치로서 트랜지스터, 다이오드, 집적회로, 파라메트론, 저항 콘덴서 등이다.

② 기억장치

기억장치는 주기억장치와 보조기억 장치로 구분된다. 주기억장치는 램(RAM)과 롬(ROM)이 있고 보조기억장치는 플로피디스크, 하드디스크, USB 등이다.

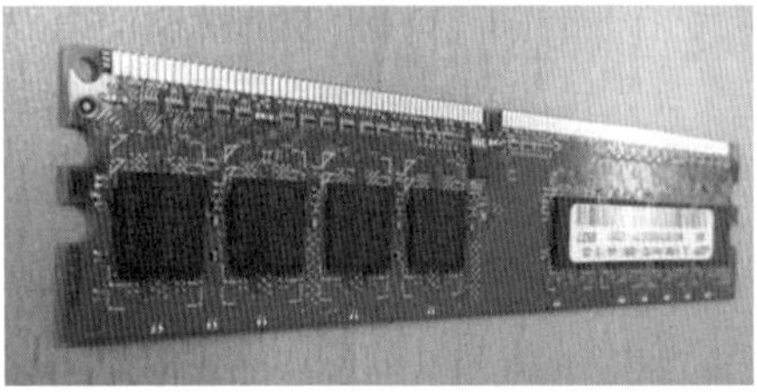

③ 입력장치

입력장치는 컴퓨터에 데이터 입력을 위해 사용되는 장치로서 카드 판독기, 테이프 판독기, 키보드 등이 해당한다.

④ 출력장치

출력장치는 컴퓨터에서 이루어진 데이터의 처리 결과를 보거나 인쇄하는 데 사용하는 전자 장치이다.

(2) 소프트웨어

소프트웨어는 시스템 소프트웨어와 응용소프트웨어로 구분된다. 시스템소프트웨어는 컴퓨터를 사용하기 위해 근본적으로 필요한 소프트웨어로서 운영체제, 컴파일러, 어셈블러, 라이브러리, 텍스트 에디터 등이 있고 Window 7, Linux 등이 대표적인 예이다.

응용 소프트웨어는 사용하는 목적에 필요한 프로그램으로 시판되고 있는 것은 대부분 응용 프로그램에 해당하며 IBM SPSS, SAS 등의 통계 프로그램, 마이크로소프트 오피스 제품 등이 해당한다.

2. 스포츠와 인터넷

스포츠와 인터넷은 직접적으로 관련이 없어 보일 수도 있다. 여러분은 스포츠가 텔레비전에서 인터넷으로 생중계 되는 정도로 이해할 수도 있고 스포츠관련 쇼핑몰에서 스포츠 용품을 구입하거나 어느 스포츠센터의 홈페이지에서 운동 프로그램을 등록한 경우를 상상할 수 있을 것이다. 인터넷이 가지고 있는 정보의 크기와 속도, 커뮤니케이션 능력과 잠재력은 스포츠 분야에 미치는 파장은 엄청나다.

스포츠가 고대와 중세, 근대를 거쳐서 현대에 이르기까지 인류의 문명 속에서 중요한 역할을 해왔고 이제는 가상의 공간까지 영역을 확대하고 있다. 특히 SNS(Social Network Service)의 발달로 현대사회를 간단히 TGIF 로 표현하는 경우도 있다. TGIF는 원래 Thanks God its Friday

를 뜻하는 말이었지만 이제는 Twitter, Goggle, iPhone, Facebook을 뜻한다고 한다.

유비쿼터스 환경이 제공되면서 일과 여가 시간에 디지털형여가가 빠르게 늘어나고 있다. 현실세계에서 벗어나 자신을 표현하고 스트레스도 해소한다는 것은 여가의 장점이며 디지털형여가가 급속도로 성장하고 있는 이유이다.

[단위 : %]

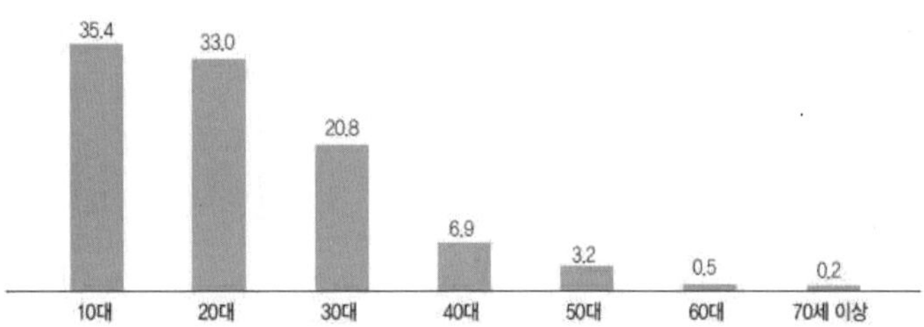

자료 : 문화체육관광부(2012), 『2012 국민여가활동조사』

[그림 2-24] 연령대별 디지털 여가활동 참여율

〈표 2-31〉 연령대별 디지털여가활동 참여비율(중복응답)

[단위 : 명, %]

연령대	사례수	미니홈피/블로그관리	인터넷검색/채팅/UCC 제작/ SNS	게임
10대	450	46.9	25.9	37.0
20대	374	30.9	22.2	24.6
30대	439	18.3	27.2	23.5
40대	251	3.2	17.7	11.1
50대	91	0.7	6.0	3.1

자료 : 문화체육관광부(2012), 『2012 국민여가활동조사』
※ 전체 여가활동 참여비율에서 디지털여가와 관련한 여가활동 참여비율을 제시함

연령대별 디지털 여가활동 참여율에서 10대와 20대, 30대의 참여율이 40대와 50대, 60대와 많은 차이가 있다. 세대 간의 차이가 극심하다는 것은 앞으로 노년의 여가활동과 여가정책에서 많은 변화를 예고하고 있다. 디지털형여가의 확산은 스포츠와 인터넷 부분에서도 상호관련성이 높아지고 있어서 스포츠정보학의 중요성이 확대될 것으로 보인다.

e스포츠는 컴퓨터 및 네트워크, 기타 영상 장비 등을 이용하여 승부를 겨루는 스포츠로서 지적 능력 및 신체적 능력이 필요한 경기라고 할 수 있는데 스포츠와 컴퓨터, 인터넷을 융합해 놓은 경우라고 할 수 있다.

e스포츠는 원래 컴퓨터 게임(e게임)이라는 용어를 사용하다가 정부가 IT산업육성을 국정 과제로 삼고 국내 게임 산업을 본격적으로 지원함으로서 컴퓨터 게임에서 e스포츠라는 공식 명칭을 사용하게 되었고 결국 한국e스포츠협회가 창립되었다. 처음 스포츠 분야에서는 e스포츠는 스포츠 범주에서 포함되지 않을뿐더러 게임중독과 같은 문제점을 지적하였지만 세계 e스포츠대회에서 우승한 프로게이머(pro gammer) 일반 올림픽 메달리스트와 같이 병역 면제의 혜택까지 주어지게 되었다.

4. 평가

1) e-러닝의 의미를 설명하고 스포츠에서 활용방안을 쓰시오.

2) 컴퓨터의 하드웨어의 구성과 용어에 대해서 설명하시오.

3) 컴퓨터의 소프트웨어의 구성과 용어에 대해서 설명하시오.

4) 최근 유행하고 있는 SNS와 TGIF에 대해서 설명하시오.

5) 디지털형 여가에 대해서 이야기해보시오.

5) e-스포츠의 긍정적인 면과 부정적인 면에 대해서 설명하시오.

6) 다음 중 컴퓨터 OS가 아닌 것은? ( )

① Dos ② Windows

③ Android ④ Linux

7) 다음 중 중앙처리장치의 기능이 아닌 것은? ( )

① 연산 ② 변환

③ 제어 ④ 기억

8) 다음 중 하드웨어는 무엇인가? ( )

① Microsoft Excel ② SPSS

③ Mouse ④ Media player

9) 컴퓨터의 하드웨어 중에서 컴퓨터의 성능이나 속도와 관련이 있고 여러분의 '책상'에 비유되는 것은? ( )

① ROM ② RAM

③ Unit ④ Flash Memory

10) 정보를 저장할 때 가장 안전한 기억 장치는? ( )

① USB ② 대용량보조기억장치

③ 웹하드 ④ 컴퓨터의 폴더

국 가 기 술 자 격 검 정
0000년 컴퓨터 활용능력 필기시험 예제
대한상공회의소

1. 다음은 한글 Windows에서 사용하는 단축키에 대한 설명이다. 가장 올바르지 않은 것은?
   ① F3 : 검색(파일/폴더 찾기) 기능 실행
   ② F2 : 선택한 파일/폴더의 이름 변경하기
   ③ F4 : 최신 정보로 고치기
   ④ F1 : 도움말 보기

2. 한글 Windows에서 제공하는 기능으로 다음에 설명하는 것은 무엇에 대한 설명인가?

어떤 응용 프로그램에서 만든 내용을 개체라고 보고 그 개체를 다른 프로그램에 연결하거나 삽입하여 자료를 공유하는 방식을 말하는 것으로 예를 들어, 페인트에서 그림을 문서 작성 프로그램에 제공해 보다 효과적으로 문서를 꾸밀 수 있도록 한다.

   ① Embedded
   ② Network
   ③ OLE(Object Link Embedding)
   ④ Pointer

3. 다음 중 컴퓨터의 운영체제에 대한 설명으로 거리가 먼 것은?
   ① 운영체제(OS)는 시스템 소프트웨어에서 가장 중요한 요소이다.
   ② 운영체제는 키보드, 모니터, 디스크 드라이브 등 필수적인 주변장치들을 관리하는 BIOS를 포함한다.
   ③ 컴퓨터의 기본적인 동작들을 관리하는 주요 프로그램들을 슈퍼바이저(supervisor) 라고 부른다.
   ④ 운영체제 프로그램은 컴퓨터가 동작하는 동안 하드디스크에 위치하여 여러 종류의 자원관리 서비스를 제공한다.

4. 한글 Windows 에서 하드웨어 장치를 추가할 때 운영체제가 이를 자동적으로 인식하여 설치 및 환경 설정을 용이하게 해주는 기능을 무엇이라 부르는가?

① 가상 디바이스 마법사　② 플러그인
③ 장치관리자　④ 플러그 앤 플레이

5. 다음 중에서 음성파일 형식의 확장자가 아닌 것은?

① wav　② mp3
③ mid　④ gif

6. 한글 Windows 화면에서 현재 활성화된 윈도우만 캡쳐(Capture)하고자 할 때 사용하는 단축키는?

① [Ctrl]+[P]　② [Alt]+[Prt Scr]
③ [Shift]+[Scroll Lock]　④ [Ctrl]+[C]

7. 정보를 효과적으로 나타내기 위해 문서와 문서를 연결하여 관련된 정보를 쉽게 찾아 볼 수 있도록 한다. 이렇게 만든 텍스트를 무엇이라고 하나?

① 하이퍼 텍스트　② 모노미디어 텍스트
③ 멀티미디어 텍스트　④ 인덱스 텍스트

8. 다음 중 유사시에 대비하여 컴퓨터에서 중요한 자료들을 다른 기억장치에 저장해 놓은 것을 의미하는 용어로 가장 적절한 것은?

① 복원　② 백업
③ 저장　④ 클립보드

9. 다음 중 디스크의 공간을 충분히 확보하기 위한 방법으로 가장 적절하지 않은 것은?

① 필요 없는 파일들을 삭제한다.
② 사용하지 않는 프로그램들을 삭제한다.
③ [디스크 공간 늘림]을 사용한다.
④ 컴퓨터를 재부팅해 준다.

04

스포츠 사진 정보의 생산
(Production of Sport Picture's Information)

사진 찍기는 여가 생활의 일부분이기도 하지만 정보의 생산 활동이라고 할 수 있다. 저작권보호법에 따라 자신이 생산해 낸 사진의 중요성이 강조되고 있다. 이 장에서는 스포츠와 관련된 그림을 생산하는 방법과 편집하는 기능을 실습을 통해서 배워보도록 한다.

1. 스포츠 관련 사진의 생산

스포츠 현장에서 사진을 찍는 행위는 데이터를 기록하는 작업이며 데이터를 생산하는 작업으로서 매우 중요한 작업이다.

1) 사진 찍기

사진은 기록으로 남는다. 스포츠 현장에서 일어나는 사건들은 매 순간 일어나고 여러 가지 동작들은 사진으로 동작 분석이 가능하다. 사진은 다양한 매체를 이용하여 얻을 수 있다.

(1) 스마트 폰

최근 나오는 스마트 폰에는 고화질의 사진을 얻을 수 있는 카메라가 내장되어 있다. 예를 들면 삼성의 갤럭시 시리즈, 엘지의 G 시리즈, 애플의 아이폰 등은 960×640 이상의 해상도 사진을 얻을 수 있다.

삼성 갤럭시 시리즈 중에 액티브 제품은 수심 1미터에서 30분간 실험을 통과한 제품으로서 아쿠아 모드에서 사진 및 동영상 등의 수중 촬영이 일부 가능한 휴대폰이다.

애플에서 출시되는 아이폰 시리즈는 탁월한 카메라 성능을 갖추고 있고 초당 60 프레임 1080p HD 동영상을 촬영할 수 있으며 야간 촬영에서도 성능이 뛰어나다.

(2) 사진기

스포츠 현장에서 일반 카메라를 보기 어렵다. 이제는 모든 부분에서 디지털카메라를 사용하고 있다. 삼성에서 출시되고 있는 NX1 카메라는 1/8000 sec 셔터 스피드와 동체 추적 AF 기능이 적용되어 움직이는 피사체를 정확하게 포착한다. 피사체의 움직임을 초당 15매 연속 촬영(연사)이 가능하여 스포츠 경기, 뛰어노는 아이와 같은 역동적인 장면을 빠르고 정확하게 촬영할 수 있다.

초고속 동영상 촬영이 가능한 카시오 골프카메라는 초당 최대 1,000 프레임의 초고속 촬영이 가능하며 일반 디지털 카메라에서는 볼 수 없었던 클럽의 페이스 방향까지 확인 할 수 있다. 또한 Full HD 동영상 촬영으로 대형 디지털 TV 출력 시 선명하고 생생한 영상 확인이 가능하다. 이를 통해 육안으로는 확인할 수 없었던 스윙의 세부동작들을 확인할 수 있다. 촬영 시 2개의 CPU가 촬영 장면을 처리하여 체감속도 0.29초의 촬영 간격과 0.13초의 고속 오토포커스 기능을 제공하여 중요한 장면을 놓치지 않고 신속하게 원하는 장면을 촬영할 수 있다.

소니에서 개발한 HDR-GW77은 방수 캠코더로 탁월한 방수 기능, 먼지 차단, 충격 흡수 능력을 갖추고 있다. 최대 60분 동안 수심 5m의 깊은 수중에서 영상 촬영이 가능하고 1.5m 높이에서 떨어져도 견딜 수 있는 충격 흡수 능력 돋보인다. 또한 강력한 방수 기능에 270도까지 회전이 가능하고 물속에서도 커플 영상 및 셀프 영상 촬영이 가능하다.

2. 스포츠 관련 사진의 캡처

1) 프린트 스크린 기능

프린트 스크린 기능은 키보드(자판)의 오른쪽 상단에 Scroll Lock 기능, Pause Break 기능과 같이 있고 프린트 스크린 기능키를 누르고 한글이나 그림판을 열어 놓고 붙이기 기능을 사용하면 그림을 캡처할 수 있다.

2) 캡처도구

캡처도구 기능은 윈도우즈의 O/S 기능의 보조프로그램에 자동적으로 탑재되어 있다. 캡처도구를 클린한 후에 마우스를 이용하여 캡처할 부분을 설정하면 그림을 캡처할 수 있다.

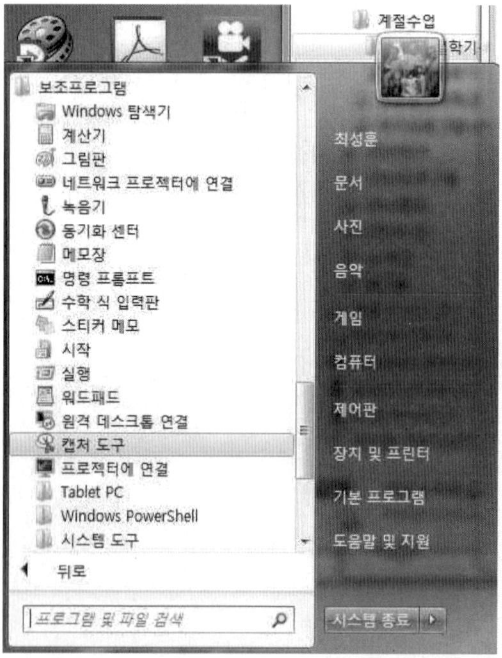

3. 스포츠 관련 사진의 편집

사진 편집은 윈도우즈의 그림판이나 포토 스케이프(Photo Scape) 프로그램을 이용하면 편리하다. 물론 스마트 폰일 경우에는 내장된 애플리케이션을 사용해도 된다.

1) 그림판

컴퓨터의 화면을 프린트 스크린 기능을 이용하여 캡처하면 그림판을 이용하여 옮긴다. 윈도우즈의 시작 > 보조프로그램 > 그림판으로 이동한다. 그림판은 그림의 크기를 조정하거나 필요한 부분만을 캡처하는데 유용하다.

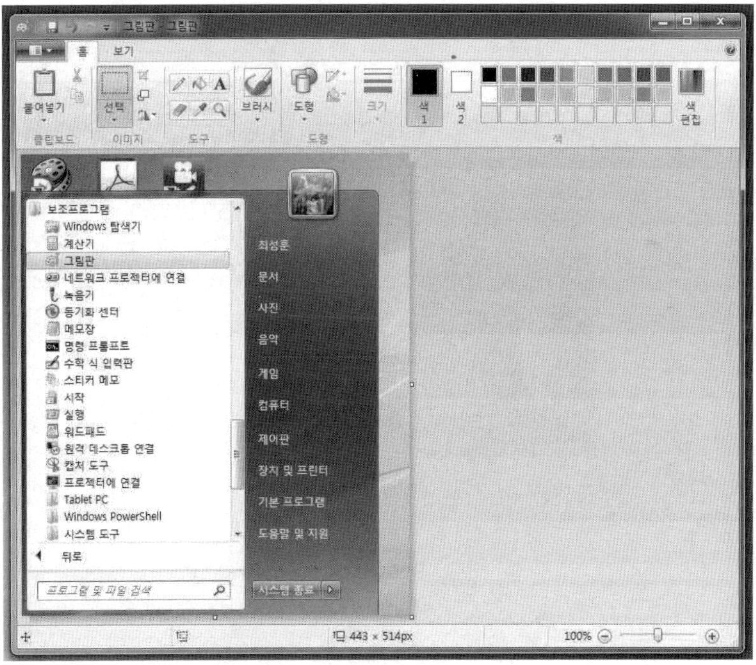

2) 포토 스케이프

포토 스케이프는 매우 비싼 프로그램인 어도비 포토샵(Adobe Photo shop)이 필요 없을 정도로 사용하기 편리하고 일괄 편집이 가능하여 작업시간을 줄일 수 있다.

4. 평가

1) 스포츠 관련 사진 찍기는 스포츠 관련 정보를 생산하는 과정이라 고 할 수 있다. 그 이유를 쓰시오.

2) 사진 찍기에 적합한 카메라의 특징을 쓰시오.

3) 그림을 캡처 할 수 있는 프로그램을 설명하시오.

4) 사진 편집에 필요한 프로그램을 설명하시오.

5) 그림판의 기능을 설명하시오.

6) 포트 스케이프 기능을 설명하시오.

05

스포츠 동영상 정보의 생산 (Production of Sport moving Pictures' s Information)

사진을 여러 장 겹쳐놓고 아주 빨리 넘겨보면 동영상이 된다. 만화를 만드는 과정과 같다. 동영상은 사진보다 훨씬 많은 정보가 담겨있어서 스포츠 정보로서 훨씬 유용하게 사용이 된다. 이 시간에는 스포츠 관련 동영상을 생산과 변환, 편집과 저장에 대해서 알아본다.

1. 스포츠 관련 동영상의 생산

스포츠 현장에서 동영상을 찍는 행위는 사진 찍기와 같이 사실을 기록하고 데이터를 생산하는 작업이다.

동영상은 만화의 제작 과정과 같이 사진을 여러 장 모아서 빠르게 보는 것과 같다. 스포츠 현장에서 동영상을 제작하는 것은 사건이나 동작의 기록으로서 가치가 있고 인터넷 기술의 발전과 함께 더욱더 필요한 데이터 생산 과정이라고 할 수 있다.

1) 스마트 폰

최근 나오는 스마트 폰에는 고화질의 동영상을 얻을 수 있는 카메라가 내장되어 있다. 예를 들면 삼성의 갤럭시 S4 Zoom 스마트 폰 모델은 10배 줌 기능을 갖추고 있어서 1600만 화소 이상의 동영상 자료를 얻을 수 있다.

물론 동영상의 촬영은 디지털 카메라나 아이 폰에서도 가능하고 스포츠 현장에 알맞은 제품을 선정해야 한다. 이때 주안점은 동영상 촬영 장소가 실내인지, 야간인지, 또는 거리가 먼 곳인지 가까운 곳인지에 따라서 카메라나 스마트 폰을 선택해야 한다.

2) 캠코더

스포츠 현장에서 캠코더는 동영상을 촬영하는데 매우 효과적이다. 스포츠 동작뿐만 아니라 세미나 관련 자료를 촬영하는데 캠코더는 편리하다. 캠코더는 다양한 각도의 장면에서도 촬영이 가능하고 와이파이(Wi-Fi) 기능을 사용할 수 있어서 공유가 편리하다. 또한 손 떨림 방지 기능이 탑재되어 있고 1,920×1,080 이상의 Full-HD 화질로 보다 생생한 동영상을 담을 수 있다.

실제로 실내 골프장이나 수영장, 볼링장에서는 골프의 스윙 동작, 수영의 손과 발의 스트로크와 킥 동작, 볼링의 스윙 동작 등의 운동기능을 향상시키고 기록을 위해서 다양한 운동동작 분석 프로그램을 사용하고 있는데 캠코더가 활용되고 있다.

삼성에서 개발한 W350은 물에 뜨는 멀티 방수 캠코더로서 방수, 방진, 충격 방지의 기능을 갖추고 있어서 겨울철 스키장 등 아웃도어 활동에 적합하다.

또한 고프로(Go Pro) 카메라는 최근에 각광받고 있는 아웃도어 스포츠카메라로서 40미터 수중, 스키장, 윈드서핑, 수영장에서 동영상 촬영이 가능하고 다양한 기능을 갖추고 있어서 스포츠 현장에서 매우 유용하게 사용할 수 있다.

2. 스포츠 관련 동영상 캡처

1) 다음 팟 플레이어

다음에서 제공하고 있는 팟 플레이어는 다양한 파일을 재생할 수 있는 멀티미디어 플레이어로서 게임 리그 등 생생한 생중계를 할 수 있고 개인 방송도 할 수 있는 애플리케이션이다.

팟 플레이어의 메인 메뉴를 살펴보면 영상 > 영상 캡처 > 현재 화면 캡처 또는 영상 > 동영상 캡처를 선택하면 스포츠 관련 동영상을 그림으로 저장할 수 있다. 동영상으로 저장된 파일을 언제든지 영상 캡처 기능을 이용하여 그림으로 활용이 가능하고 보고서를 작성하거나 프레젠테이션을 할 때 유용하다.

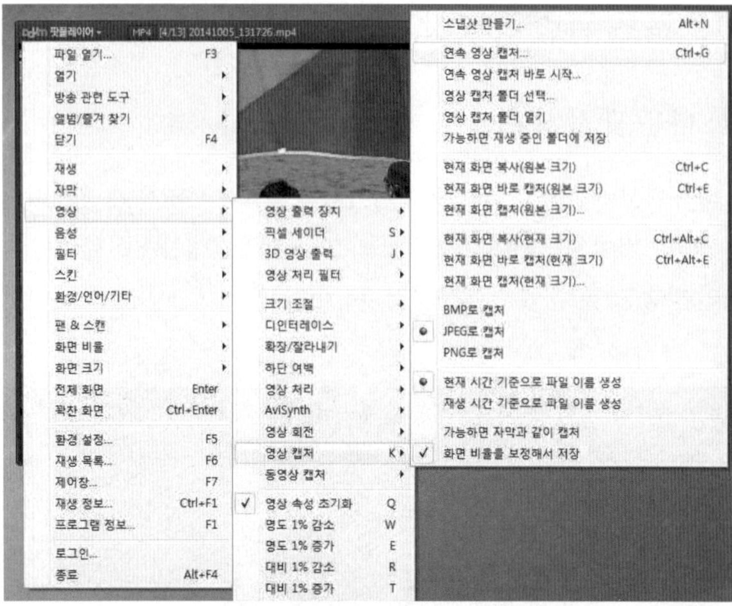
팟플레이어
MP4 [4/13] 20141005_131726.mp4
파일 열기... F3
열기
방송 관련 도구
앨범/즐겨 찾기
닫기 F4
재생
자막
영상
음성
필터
스킨
환경/언어/기타
팬 & 스캔
화면 비율
화면 크기
전체 화면 Enter
꽉찬 화면 Ctrl+Enter
환경 설정... F5
재생 목록... F6
제어창... F7
재생 정보... Ctrl+F1
프로그램 정보... F1
로그인...
종료 Alt+F4
영상 출력 장치
픽셀 셰이더 S
3D 영상 출력 J
영상 처리 필터
크기 조절
디인터레이스
확장/잘라내기
하단 여백
영상 처리
AviSynth
영상 회전
영상 캡처 K
동영상 캡처
영상 속성 초기화 Q
명도 1% 감소 W
명도 1% 증가 E
대비 1% 감소 R
대비 1% 증가 T
스냅샷 만들기... Alt+N
연속 영상 캡처... Ctrl+G
연속 영상 캡처 바로 시작...
영상 캡처 폴더 선택...
영상 캡처 폴더 열기
가능하면 재생 중인 폴더에 저장
현재 화면 복사(원본 크기) Ctrl+C
현재 화면 바로 캡처(원본 크기) Ctrl+E
현재 화면 캡처(원본 크기)...
현재 화면 복사(현재 크기) Ctrl+Alt+C
현재 화면 바로 캡처(현재 크기) Ctrl+Alt+E
현재 화면 캡처(현재 크기)...
BMP로 캡처
JPEG로 캡처
PNG로 캡처
현재 시간 기준으로 파일 이름 생성
재생 시간 기준으로 파일 이름 생성
가능하면 자막과 같이 캡처
화면 비율을 보정해서 저장

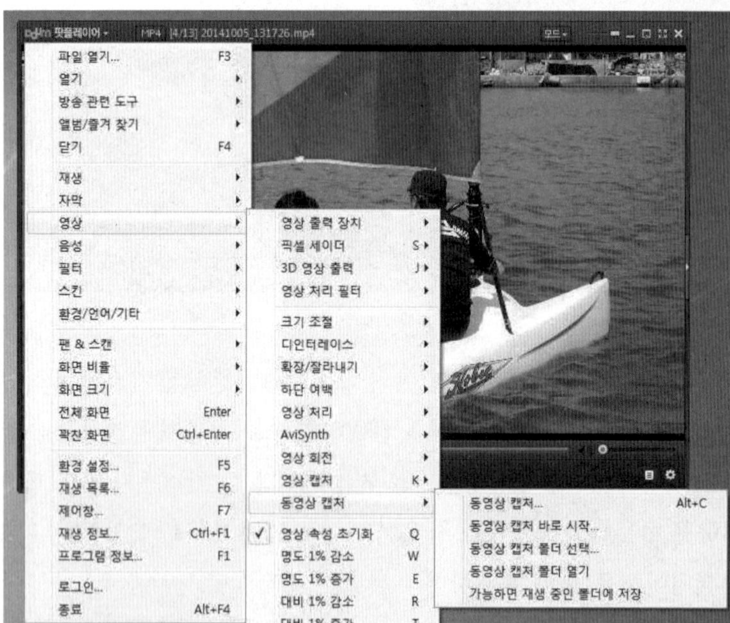
팟플레이어
MP4 [4/13] 20141005_131726.mp4
모드
파일 열기... F3
열기
방송 관련 도구
앨범/즐겨 찾기
닫기 F4
재생
자막
영상
음성
필터
스킨
환경/언어/기타
팬 & 스캔
화면 비율
화면 크기
전체 화면 Enter
꽉찬 화면 Ctrl+Enter
환경 설정... F5
재생 목록... F6
제어창... F7
재생 정보... Ctrl+F1
프로그램 정보... F1
로그인...
종료 Alt+F4
영상 출력 장치
픽셀 셰이더 S
3D 영상 출력 J
영상 처리 필터
크기 조절
디인터레이스
확장/잘라내기
하단 여백
영상 처리
AviSynth
영상 회전
영상 캡처 K
동영상 캡처
영상 속성 초기화 Q
명도 1% 감소 W
명도 1% 증가 E
대비 1% 감소 R
대비 1% 증가 T
동영상 캡처... Alt+C
동영상 캡처 바로 시작...
동영상 캡처 폴더 선택...
동영상 캡처 폴더 열기
가능하면 재생 중인 폴더에 저장

2) 곰 플레이어

곰 플레이어(Gom Player)는 그레텍(Gregech)에서 제작한 동영상 재생 프로그램으로 프리웨어 프로그램이다. 초보자도 쉽게 조작할 수 있는 편리한 사용자 인터페이스와 다운로드 수가 1억 회를 돌파하기도 하여 대한민국에서 가장 많이 사용을 하고 있는 플레이어로 알려지기도 한 프로그램이다.

곰 플레이어는 다음의 팟 플레이어와 기능은 거의 유사하다. 영상> 고급화면 캡처를 선택하면 저장할 폴더를 선택할 수 있고 현재화면 복사와 저장, 연속화면 저장이 가능하다. 특히 연속화면 저장 기능은 일반 카메라 또는 디지털 카메라의 연사 기능과 같은 기능을 하는데 스포츠 현장에서는 테니스에서 스트로크와 서브 동작 분석, 매트운동에서 손 짚고 앞돌기 동작 분석과 관련된 리포트와 프레젠테이션에서 유용하게 사용될 수 있다.

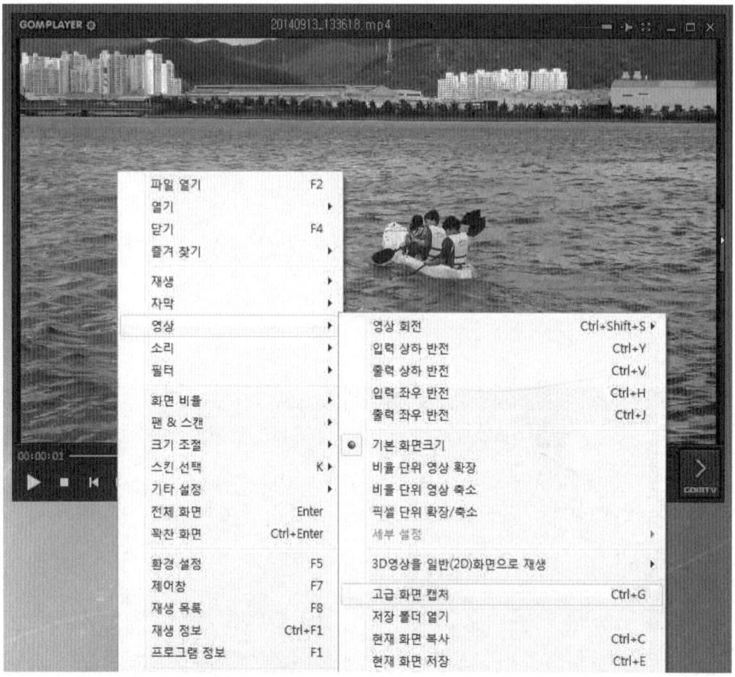
GOMPLAYER
20140913_133618.mp4
파일 열기 F2
열기
닫기 F4
즐겨 찾기
재생
자막
영상
소리
필터
화면 비율
팬 & 스캔
크기 조절
스킨 선택 K
기타 설정
전체 화면 Enter
꽉찬 화면 Ctrl+Enter
환경 설정 F5
제어창 F7
재생 목록 F8
재생 정보 Ctrl+F1
프로그램 정보 F1
영상 회전 Ctrl+Shift+S
입력 상하 반전 Ctrl+Y
출력 상하 반전 Ctrl+V
입력 좌우 반전 Ctrl+H
출력 좌우 반전 Ctrl+J
기본 화면크기
비율 단위 영상 확장
비율 단위 영상 축소
픽셀 단위 확장/축소
세부 설정
3D영상을 일반(2D)화면으로 재생
고급 화면 캡처 Ctrl+G
저장 폴더 열기
현재 화면 복사 Ctrl+C
현재 화면 저장 Ctrl+E

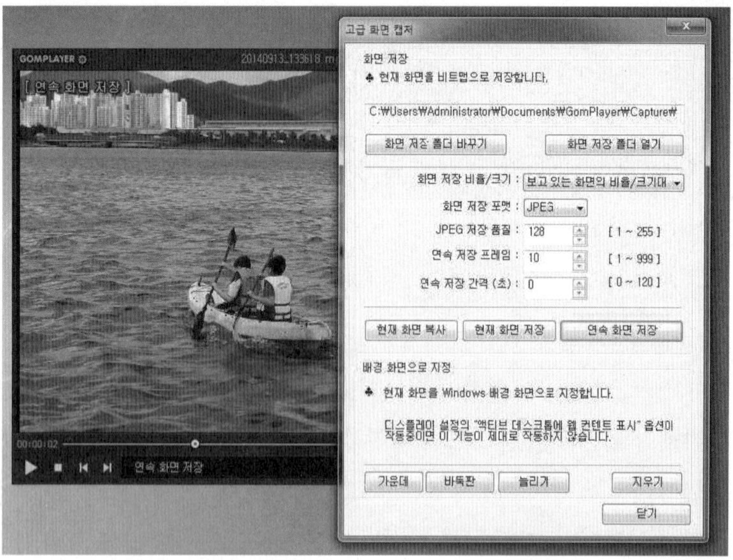
GOMPLAYER
[연속 화면 저장]
연속 화면 저장
고급 화면 캡처
화면 저장
♣ 현재 화면을 비트맵으로 저장합니다.
C:\Users\Administrator\Documents\GomPlayer\Capture\
화면 저장 폴더 바꾸기
화면 저장 폴더 열기
화면 저장 비율/크기 : 보고 있는 화면의 비율/크기대
화면 저장 포맷 : JPEG
JPEG 저장 품질 : 128 [1 ~ 255]
연속 저장 프레임 : 10 [1 ~ 999]
연속 저장 간격 (초) : 0 [0 ~ 120]
현재 화면 복사
현재 화면 저장
연속 화면 저장
배경 화면으로 지정
♣ 현재 화면을 Windows 배경 화면으로 지정합니다.
디스플레이 설정의 "액티브 데스크톱에 웹 컨텐트 표시" 옵션이 작동중이면 이 기능이 제대로 작동하지 않습니다.
가운데
바둑판
늘리기
지우기
닫기

3) 반디 캠

반디 캠(Bandicam)은 컴퓨터 화면을 통해 보여지는 동영상이나 게임 영상을 쉽고 편리하게 동영상으로 녹화할 수 있는 프로그램이다. 원본에 가까운 화질을 유지하면서도 적은 용량의 동영상 파일로 녹화를 할 수 있다.

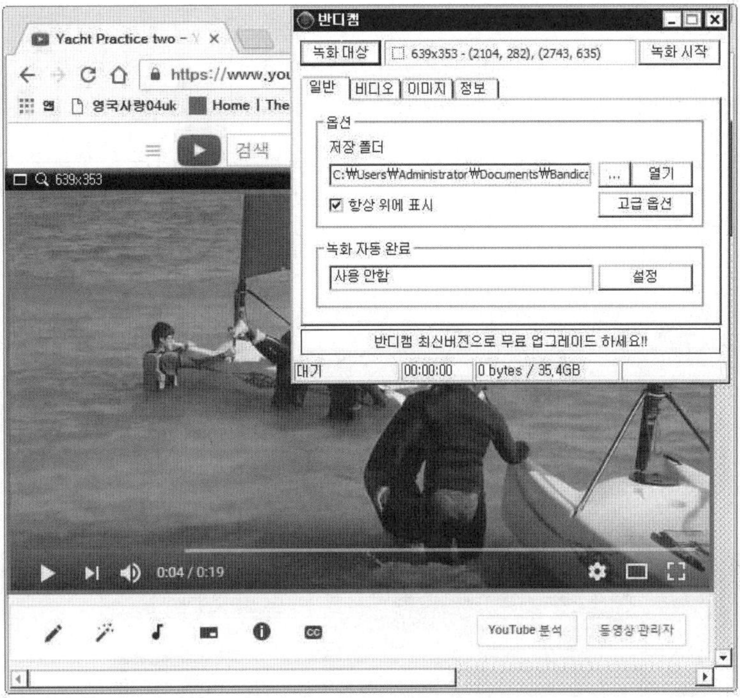

또한 반디 캠은 프레임의 상단 오른 쪽에 있는 사진 메뉴를 이용하여 강력한 화면 캡처 기능을 가지고 있다. 녹화대상을 클릭하면 캡처 영역을 지정할 수 있고 저장 폴더를 선택하여 저장 폴더를 따로 선택할 수 있다.

3. 스포츠 관련 동영상의 편집 및 변환

동영상의 편집은 윈도우즈의 무비 메이커와 다음의 팟 인코더 프로그램을 이용하면 편리하다. 스마트 폰으로 동영상을 촬영했을 경우 내장된 애플리케이션을 이용하여 편집이 가능하다.

1) 무비 메이커

윈도우즈 무비 메이커(Windows Movie Maker)는 마이크로소프트사의 영상 제작 및 편집 소프트웨어이다. 무비 메이커를 이용하여 컴퓨터에 있는 스포츠 관련 동영상 등을 편집할 수 있고 편집된 동영상은 프레젠테이션에 사용할 수 있다.

무비 메이커는 가장 오래된 동영상 편집기이다. 초기에는 안전성에 문제가 있어서 작업 중에 문제가 발생하는 경우가 있었지만 윈도우즈 7 이후에는 보다 더 안전해졌고 'wmv'라는 확장자를 가진 동영상 파일을 사용하는 것이 편리하다.

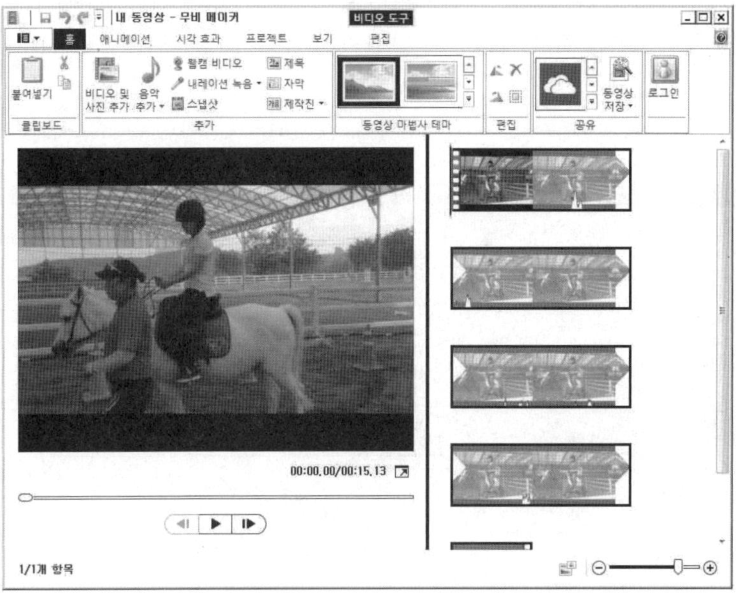

- 사진과 동영상을 넣고 편집하기
- 제목, 자막, 제작진 넣기
- 사진에 효과 주기
- 동영상 편집하기
- 배경 음악 넣어주기
- 저장하기

2) 팟 인코더

다음 팟 인코더(Pot Encoder)는 대한민국의 다음커뮤니케이션이 개발한 동영상 인코더이다. 프리웨어로서 무료 판으로 제공된다. 휴전 전화나 게임기, 컴퓨터 등 영상을 재생할 수 있도록 동영상을 변환시켜주는 프로그램으로서 간단한 편집도 가능하고 편집한 동영상을 웹상에 바로 업로드가 가능하다는 장점이 있어서 무비 메이커보다 편리성이 향상 되었다고 한다.

- 프로그램 실행 및 동영상 편집 메뉴로 이동
- 편집할 동영상을 불러오고 이동하기
- 동영상을 자르고 붙여서 편집하기
- 여러 개의 동영상을 편집해서 삽입하기
- 인코딩과 동영상 저장

3) 유튜브 다운로더

유튜브(http://www.youtube.com)에는 스포츠 관련 자료들이 풍부하다. 스포츠가 대근 운동이어서 사진보다 동영상으로 전달하는 것이 보다 효과적이기 때문이다. 유튜브에 있는 동영상을 복사하기 위해서는 반디캠도 하나의 방법이 될 수 있지만 여기서는 유튜브 다운로더(down loader)를 이용하여 동영상을 다운로드 하는 방법을 설명하고자 한다.

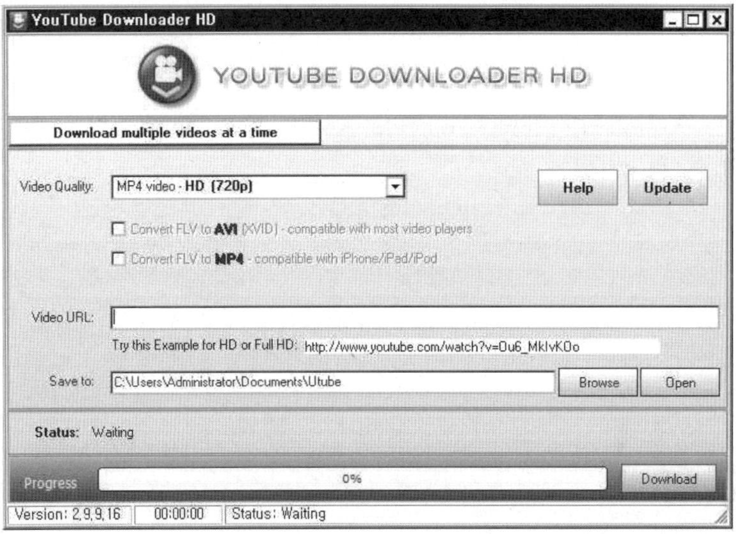

유튜브에 있는 동영상을 다운 받기 위해서는 유튜브 다운로더를 설치하고 실행한다. 중간 Video URL 부분에 다운로드 하고자 하는 유튜브 URL주소를 붙여넣기 하면 되는데 그러기 위해서는 윈도우즈를 하나 더 실행하여 유튜브에 접속하여 마우스 오른쪽 버튼을 클릭하고 동영상 URL을 확인하여 선택한다.

4. 평가

1) 운동동작 분석에 필요한 스마트 폰이나 캠코더, 디지털 카메라를 설명하시오.

2) 스마트폰의 카메라 기능에서 1600만 또는 1800만 화소의 의미를 설명하시오.

3) 스키장에서 카빙동작을 촬영할 때 적합한 기기를 설명하시오.

4) 동영상 캡처가 가능한 프로그램을 설명하시오.

5) 동영상을 획득할 때 다음의 팟 인코더와 반디캠의 차이점을 설명하시오.

6) 동영상을 편집할 때 무비 메이커와 다음의 팟 인코더의 차이점을 설명하시오.

06

스포츠정보의 탐색과 저장 (Searching and Saving of Sport Information)

유용한 스포츠 정보를 생산하기 위해서는 인터넷이라고 하는 정보의 바다에서 탐험가가 되어서 다양한 정보를 탐색하고 저장하며 활용할 수 있어야 한다. 여러분은 대표적인 검색 엔진과 웹 하드와 외장하드디스크, 폴더 등의 유용한 사용법을 배울 수 있을 것이다.

1. 스포츠 관련 정보 탐색

스포츠 관련 정보의 획득은 우리나라의 대표적인 포털 사이트로 알려진 다음(Daum)과 네이버(Naver), 그리고 다국적기업으로 웹 검색과 클라우드 컴퓨팅, 광고를 주 사업 영역으로 하는 구글(Google) 등을 이용한다.

1) 다음

다음(多音)은 대한민국의 포털 사이트이다. 다음 메일이라는 이름으로 대한민국 최초의 웹 메일 서비스를 열었으며, 이 밖에도 온라인 커뮤니티 서비스 'Daum 카페', 뉴스 서비스 '미디어다음', 커뮤니케이션 서비스 '마이피플' 등을 서비스하고 있다.

2) 네이버

네이버(NAVER)는 1999년 6월에 서비스를 시작한 대한민국의 포털 사이트이다. 네이버는 항해하다라는 뜻의 Navigate와 -하는 사람의 접미사 -er이 만나 탄생한 이름이다. 네이버에서 제공하는 서비스는 크게 검색, 사전, 커뮤니티, 뉴스, 생활, 문화, 쇼핑 등으로 나누어 볼 수 있다. 네이버 검색은 디렉토리, 다이렉트 검색, 웹문서 검색, 지역정보 검색, 지도검색, 교통검색, 인물검색, 실시간 급상승 검색어 등을 제공한다. 블로그나 카페, 사용자가 올린 질문이나 궁금한 내용에 대해 다른 사용자들이 자발적으로 답을 달면서 지식을 주고받는 지식iN 등이 대표적인 서비스다.

3) 구글

구글 검색의 특징 중 하나는 페이지와 페이지 사이의 링크를 분석하여 많이 연결된 페이지를 더 좋은 문서로 판단하는 것인데 이것을 페이지랭크(PageRank)라고 한다. 구글의 알고리즘은 접속빈도가 잦고 연관성이 높은 링크를 상위에 노출할 뿐 아니라, 신뢰성에도 가산점을 부여한다. 특정 링크의 클릭률이나 특정 링크가 얼마나 많이 링크되었는지를 기록해 '연관성'점수를 부여한다. 검색 기술에는 정확한 결과를 이끌어 내는 두 가지 중요한 특징이 있다. 첫째, 웹의 링크 구조를 활용하여 각 웹페이지의 품질 순위를 결정한다. 둘째, 링크를 활용하여 웹페이지의 '페이지랭크'를 빠르게 계산하게 해 주는 맵을 만든다(위키백과).

2. 스포츠 관련 정보의 저장

1) 네이버의 N드라이브

N드라이브는 네이버 회사에서 운영하고 있는 Web Hard 서비스이다. N드라이브는 한 아이디 당 30GB의 용량을 무료로 제공하며, 연 단위로 결제하면 100GB를 추가할 수 있으며 최대 300GB까지 추가가 가능하다.

2) 구글의 드라이브

구글 드라이브(Google Drive)는 구글에서 제공하는 클라우드 기반 협업도구이고 파일저장/공유 서비스이며 우리나라에서 잘 알려지지 않았지만 해외에서 유용하다. 기본적으로 15GB가 주어지는데 사용자들이 추가적으로 피카사(Picasa)와 용량을 공유하여 구매할 수 있다. 구글 드라이브는 내드라이브, 공유된 항목, 최근, 중요, 휴지통으로 구성되어 있는데 특징은 검색, 유튜브, 지도, 뉴스, Gmail, 캘린더, 번역, 도서, 블로거, 사진, 마이 비즈니스, Docs 등의 프로그램과 연동이 쉽다는 점이다.

3) 외장하드디스크

외장하드디스크는 컴퓨터의 하드웨어 부분에서 다루어지지 않은 부분이다. 외장하드디스크는 외장형 케이스에 하드디스크를 결합한 제품을 말한다. 컴퓨터에 간편하게 연결할 수가 있는데 일단 장착하게 되면 하드디스크 형태로 인식하게 된다. 요즘은 500GB, 1TB와 2TB의 용량을 가진 3.0 제품이 출시되고 있는데 고용량이고 휴대성이 좋으며 속도도 빠른 것이 특징이다.

위 그림에서 보는 것처럼 처음 구입했을 때 외장하드디스크에는 라벨(이름)을 용량과 함께 표기하는 것이 좋고 1TB와 2TB 등의 하디디스크 용량 전체를 쓸 수 있는 것은 아니며 때때로 디스크 포맷이나 바이러스 검사 등을 틈틈이 해주어야 한다. 특히 중요한 정보를 담고 있는 폴더는 꼭 백업을 하는 습관이 좋다.

4) 폴더

일반적으로 폴더(folder)는 서류철에 비유된다. 위키백과에 의하면 서류철은 분류 및 보호를 위해 종이로 된 문서를 묶거나 매어 모을 수 있게 만든 도구라고 한다. 컴퓨터의 화면에서 보이는 폴더는 그래픽 사용자 인터페이스(GUI)를 가진 운영 체제에서 DOS에서 사용하는 디렉터리 대신에 부르는 말이다.

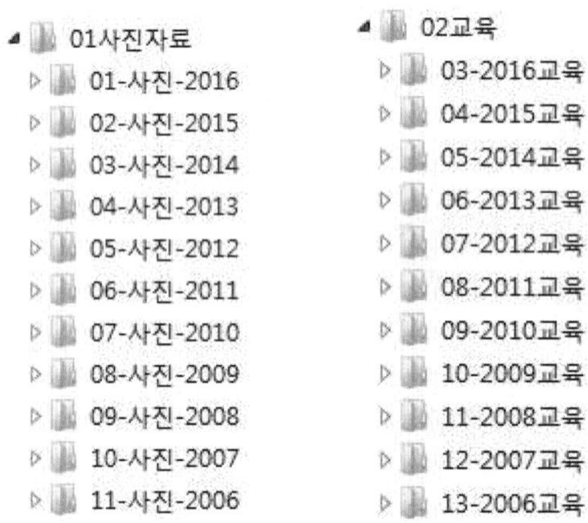

사실 컴퓨터의 활용 능력은 화면에 디스플레이(display) 되는 폴더만 봐도 알 수 있는데 수준이 높은 사용자는 다양한 정보와 데이터가 날짜나 유형, 크기별로 구분되어 있는 것을 볼 수 있다. 다시 말하면 스포츠전문가는 컴퓨터 활용 능력이 뛰어난 사람이 되어야 한다. 스포츠정보처리 전문가는 정보를 획득하고 전환하며 저장하는 과정에서 발생하는 데이터를 효과적으로 보관하며 관리할 수 있어야 한다.

4. 평가

1) 스포츠 관련 정보를 획득할 수 있는 대표적인 포털 사이트 업체를 쓰시오.

2) 서치 엔진을 이용하여 '스포츠 정책' 이라는 검색어로 정보를 찾아보고 비교해보자.

3) 구글을 이용하여 세계 여러 나라의 스포츠 정책을 찾아서 설명하시오.

4) 스포츠 관련 정보를 인터넷상에서 실시간 저장할 수 있는 매체나 공간을 설명하시오.

5) 네이버의 N드라이브를 이용하여 스포츠 관련 동영상을 저장하는 방법을 설명하시오.

6) 폴더를 효과적으로 관리할 수 있는 방법을 설명해 보자.

07

한글로 만점 스포츠 보고서 만들기

한글 프로그램은 마이크로소프사에서 개발한 MS워드라는 프로그램과 비교되고 세계적으로 우수한 프로그램으로 인정받고 있다. 대학생활, 일상생활에서 필요한 리포트, 이력서, 안내문 등 여러 가지 문서를 작성하기 위한 한글 오피스 작성법을 배우고 평가 및 실습을 통해서 만점 리포트를 만들 수 있을 것이다.

1. 한글 시작하기 전에

대학생활 뿐만 아니라 일상생활에서 필요한 보고서, 리포트 등을 작성하기 위한 한컴오피스의 기능들을 살펴보고자 한다. 아직까지 한컴오피스의 버전은 2007, 2010, 2014버전이 출시되어 있는데 많은 대학교에서는 경제적인 여건상 2010 버전을 많이 사용하고 있기 때문에 이 책에서도 한컴 오피스 2010 버전을 사용한다. 이번 장에서는 문서를 작성하고 글자와 문단 모양을 지정하고 인쇄하는 기본적인 문서 작성법을 소개한다.

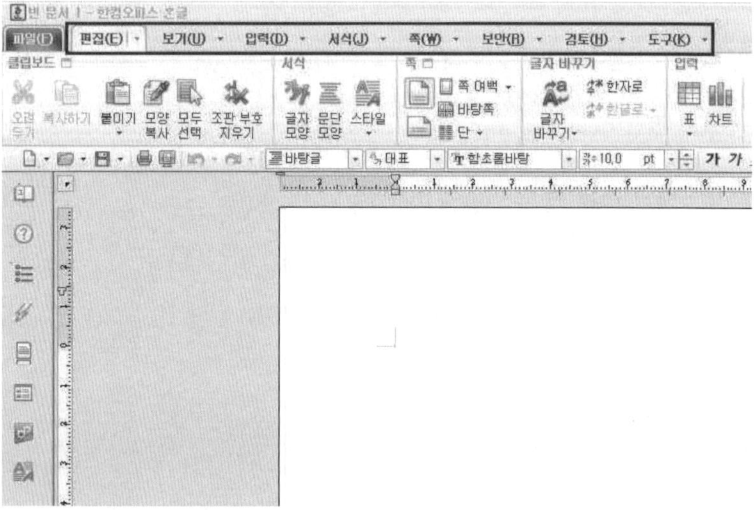

[편집-보기-입력-서식-쪽-보안-검토-도구] 도구상자를 활용하는 방법과 한글 오피스를 사용할 때에 유용하게 쓰일 수 있는 단축키 등 여러 가지 기능을 배워보도록 하자.

2. 문서 작성하기

1) 새 문서 만들기

한글 실행 - [파일]메뉴 - [편집용지] 혹은 단축키 F7을 눌러서 용지를 편집한다.

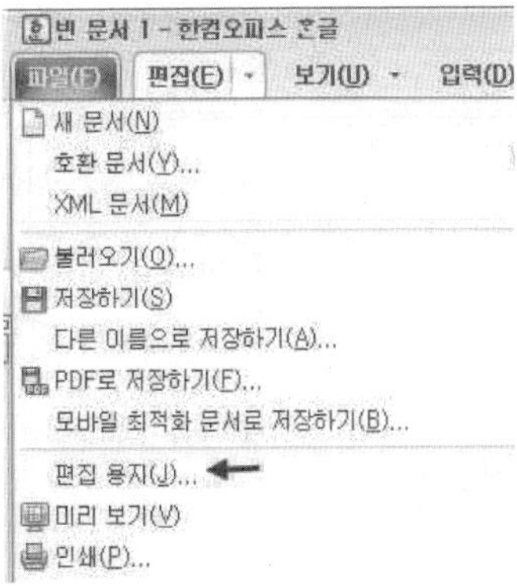

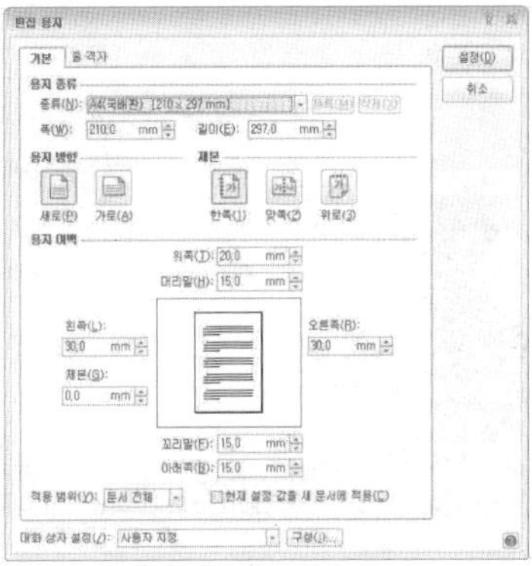

용지 종류는 A4, A3, B4, B5뿐만 아니라 사용자 정의를 선택하여 폭과 길이를 변경할 수 있으며, 문서 작성하기 전에 용지 방향과 용지 여백을 활용하여 작성을 시작하면 더 효율적이다.

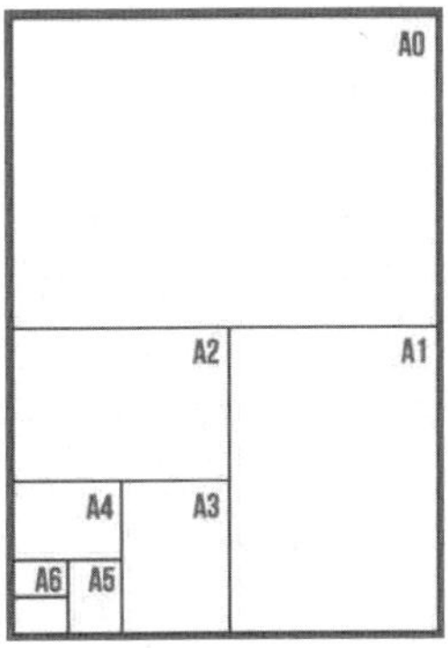

SIZE	DIMENSIONS (MM)
A0	841x1189
A1	594x841
A2	420x594
A3	297x420
A4	210x297
A5	148x210
A6	105x148

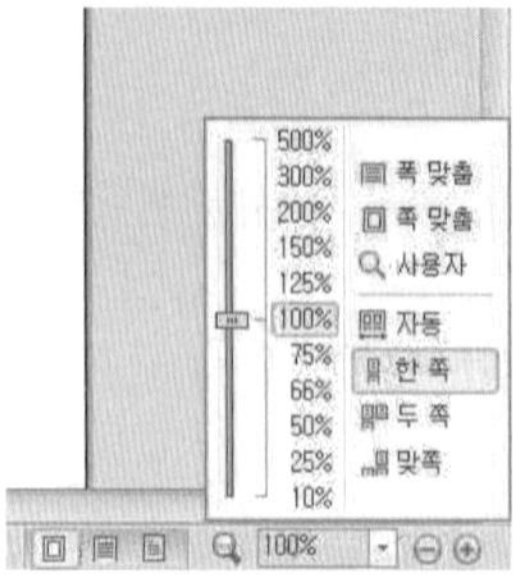

페이지 확대 및 축소를 %를 이용해서 조절 할 수 있다. 기본이 100%이며 높은 숫자일수록 화면이 확대된다. 페이지 보기 방법도 자동/한 쪽/두 쪽/맞쪽으로 나뉘며 쪽수가 많을 때에 효과적으로 사용 가능하다.

울산대학교 설립자 정주영의 글을 인용해서 연습해보자.

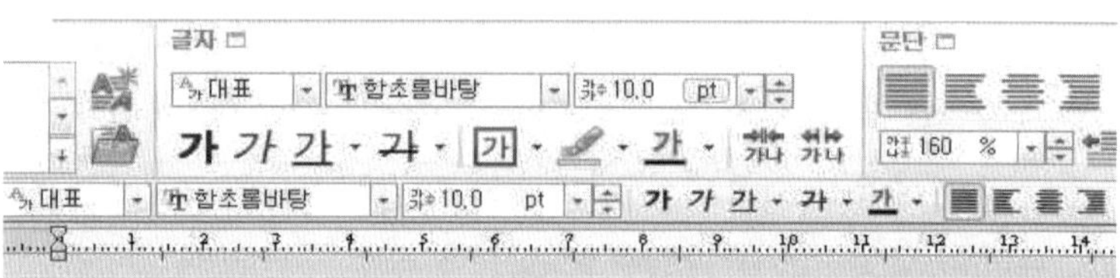

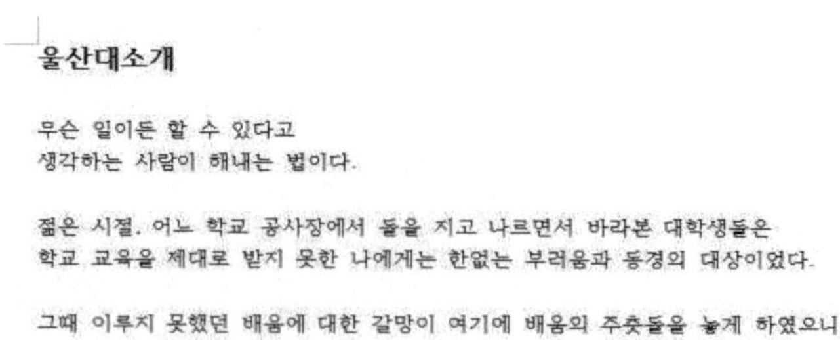

울산대소개

무슨 일이든 할 수 있다고
생각하는 사람이 해내는 법이다.

젊은 시절. 어느 학교 공사장에서 돌을 지고 나르면서 바라본 대학생들은
학교 교육을 제대로 받지 못한 나에게는 한없는 부러움과 동경의 대상이었다.

그때 이루지 못했던 배움에 대한 갈망이 여기에 배움의 주춧돌을 놓게 하였으니 완성된 파일을 [파일]-[저장하기] 혹은 단축키 Alt+S를 사용하여 파일을 저장한다.

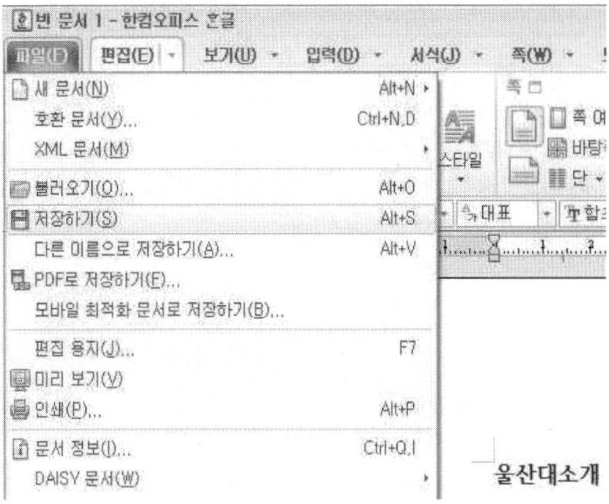

'단축키'는 어떤 기능을 <Ctrl>이나 <Alt> 또는 <Shift>와 함께 해당 영문 글쇠를 누르면 바로 실행되도록 하는 것으로, 각각의 단축키는 메뉴의 오른쪽에 표시되어 있다. 'F3(또는 F4)→'가 단축키 앞에 표시된 경우는 편집 문서 내용에 블록 또는 구역을 설정한 다음 단축키를 실행한다. 한글 사용이 익숙해진 사용자라면 메뉴를 불러서 사용하는 것보다 단축키를 이용하면 문서 편집 시간이 훨씬 단축된다.

- 기본 단축키 -

Alt		Ctrl	
글자모양	ALT + L	복사하기	CTRL + C
문단모양	ALT + T	붙여넣기	CTRL + V
다른이름저장	ALT + V	오려두기	CTRL + X
저장하기	ALT + S	찾기	CTRL + F
인쇄하기	ALT + P	모두선택	CTRL + A

2) 글자, 문자모양 바꾸기

글자 모양▶ [글자 선택]-[마우스 오른쪽 클릭]-[글자 모양]을 선택하거나 단축키 ALT+L을 클릭한다.

글자 모양 설정에서 가장 많이 쓰이는 두 가지는 장평과 자간으로 장평은 한글 워드에서 쓰이는 말로, 글자 한 자의 좌우(가로)의 폭을, 위아래(세로)의 길이를 기준으로 하여 나타내는 말이다. 자간은 글자와 글자 사이를 뜻한다.

안녕하세요 ↑ 기본(장평100%, 자간0%)	안녕하세요 ↑ 기본(장평150%, 자간0%)
안녕하세요 ↑ 기본(장평100%, 자간0%)	안 녕 하 세 요 ↑ 기본(장평100%, 자간50%)

문단 모양▶ [마우스 오른쪽 클릭]-[문단 모양]을 선택하거나 단축키 ALT+T을 클릭한다.

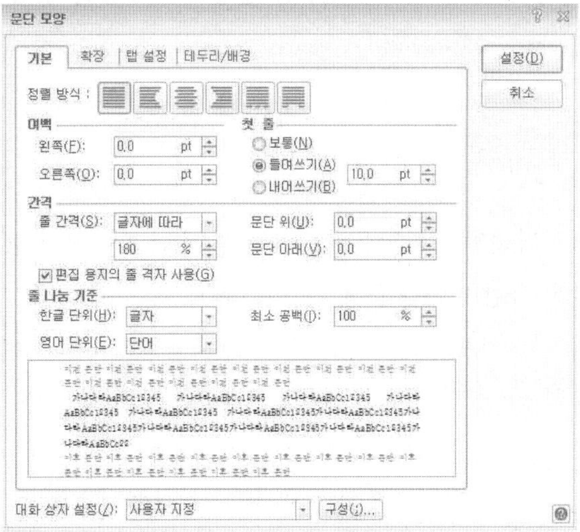

문단 모양에서 가장 많이 쓰는 것으로 여백과 간격이 있다.

여백 : 문단의 왼쪽과 오른쪽 여백을 지정한다.

첫 줄 : 문단 첫 줄의 간격을 지정한다.

줄 간격 : 문단 안에서의 아래, 위 줄의 간격을 지정한다.

문단 위/아래 : 문단과 문단사이의 간격을 지정한다.

※ 참고 : 글자 모양과 문단 모양을 지정할 때에 예시로 보여줌으로 참고하여 사용하면 편리하다.

3) 페이지 꾸미기

도구상자 [쪽]에는 페이지 배경을 설정하는 메뉴들이 있다.

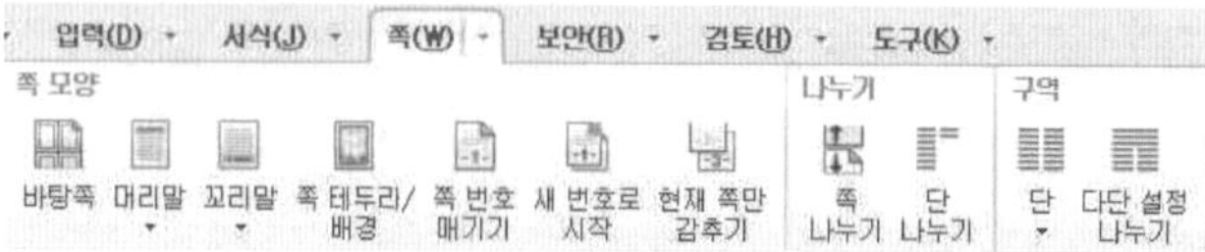

머리말/꼬리말▶ 머리말은 페이지 위쪽에 번호와 모양을 넣은 것이고 꼬리말은 페이지 아래쪽에 넣는 것이다.

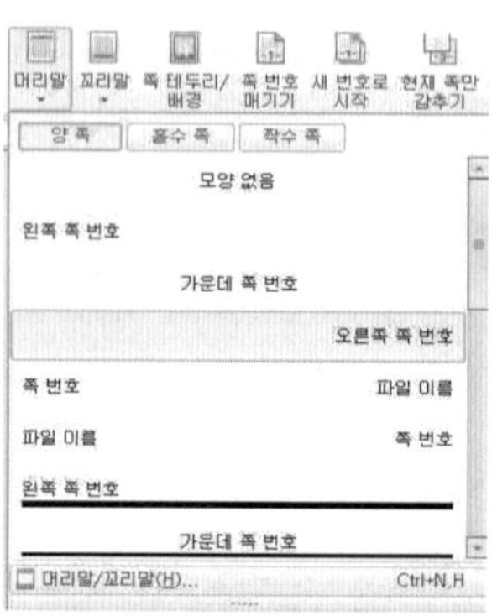

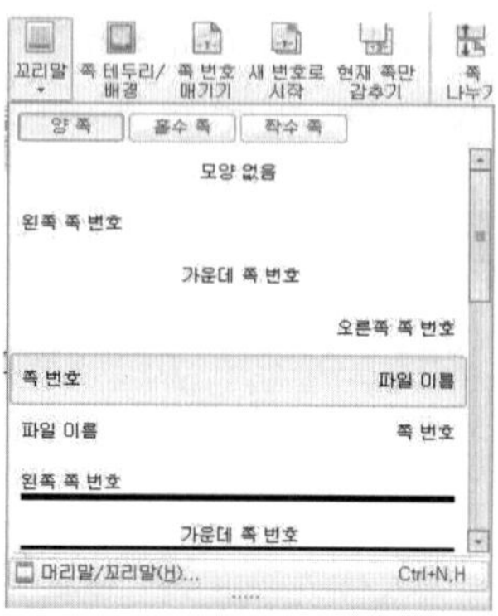

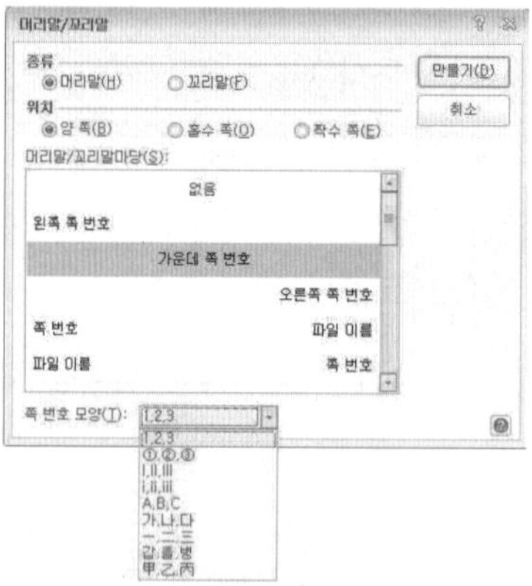

쪽 번호 모양을 선택하고 홀수 쪽, 짝수 쪽, 양 쪽(모든 쪽)을 선택하여 머리말 꼬리말을 지정하면 된다.

쪽 번호 매기기▶ 보고서나 리포트와 같은 문서를 작성할 시에 쪽수가 어떻게 되는지 확인하기 위해서 쪽 번호를 매긴다. 번호 위치와 번호 모양을 지정해주면 된다.

※주의 : 시작하고자 하는 페이지에서 쪽 번호를 지정해줘야 합니다.

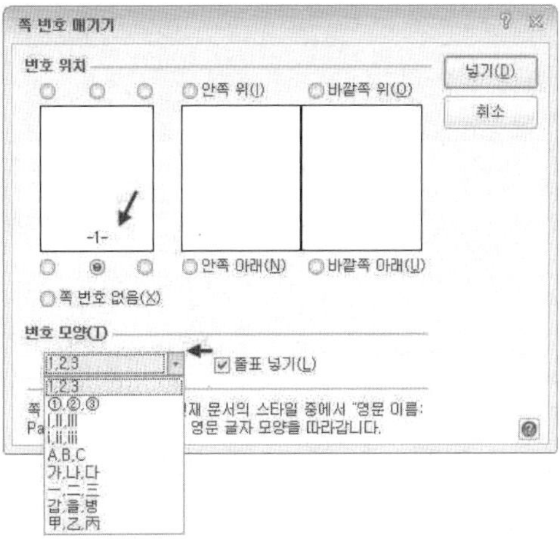

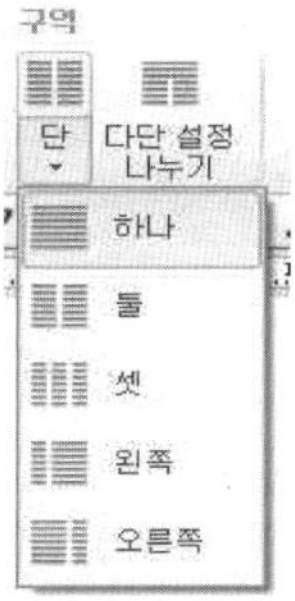

단▶ 한 쪽 내에 여러 개의 단 모양을 만들어야 할 때 사용한다.

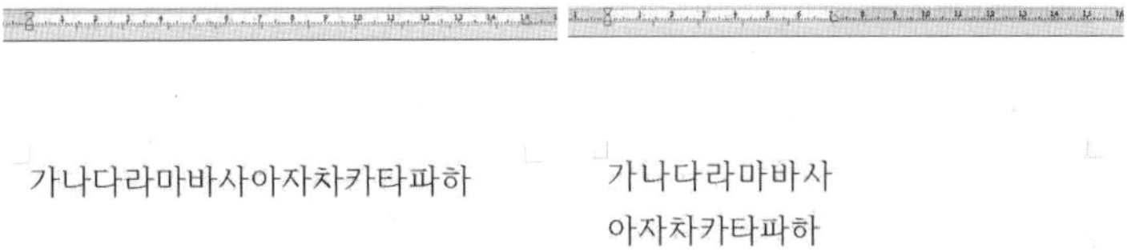

4) 인쇄하기

[파일]-[인쇄하기] 혹은 단축키 ALT+P로 인쇄설정을 할 수 있다. 프린터기기는 개인마다 다르기 때문에 고급 선택 부분은 다를 수도 있다.

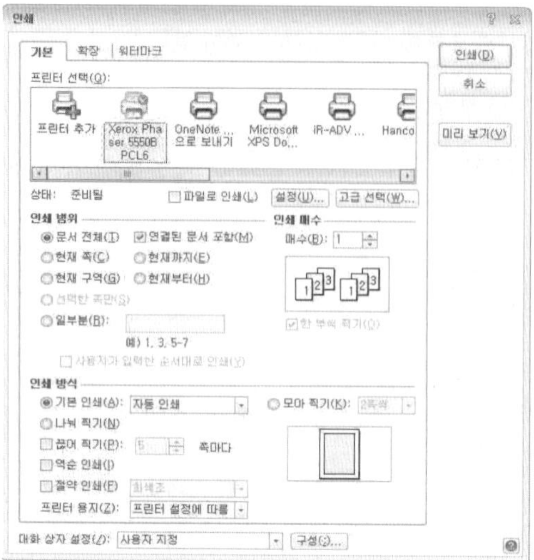

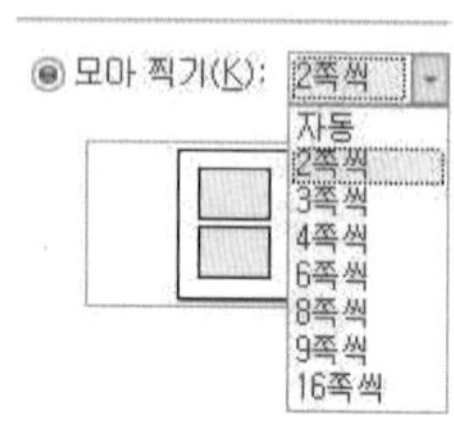

- 인쇄 범위 : 원하는 쪽만 인쇄 가능하며, 일부분 인쇄(3-7, 3쪽부터 7쪽만)도 가능하다.
- 모아 찍기 : 용지 한 장에 여러 쪽을 모아 찍을 때 사용한다.

3. 표 활용하기

1) 표 작성하기

표란 어떤 내용을 일정한 형식과 순서에 따라 보기 쉽게 나타낸 것으로 순서, 공통점 등의 기준을 세워 이미지 화 한 것이다.

표 생성하기▶ [입력]도구 상자에서 표를 선택하여 원하는 줄과 칸을 지정하면 자동 생성이 된다.

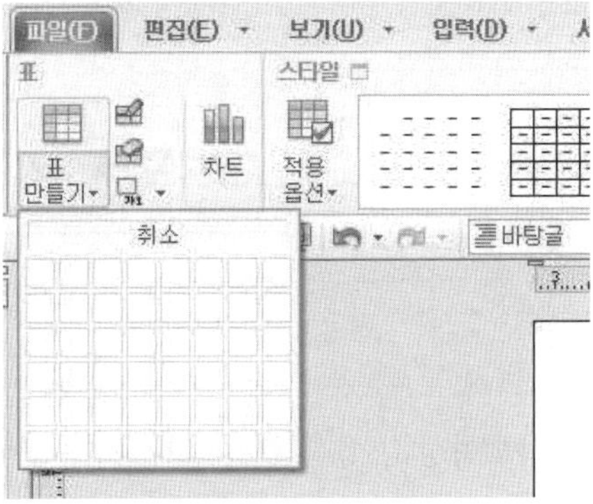

표 작성하기▶ 원하는 내용의 표를 작성한다.

번호	이름	체력평가		심폐지구력	

셀 크기 조절하기▶ 셀이란 행과 열의 교차점을 뜻한다. 셀을 선택하는 방법은 원하는 셀 위에 왼쪽 마우스를 클릭해서 끌거나, 원하는 셀에 마우스를 클릭 한 후 F5를 누르면 된다.

- SHIFT+(←, ↑, →, ↓) : 표의 크기는 변하지 않고 해당 셀의 크기만 조절된다. (왼쪽 그림 참조)
- CTRL+(←, ↑, →, ↓) : 늘리고자 하는 방향으로 해당 칸 혹은 줄의 크기가 동시에 조절된다.

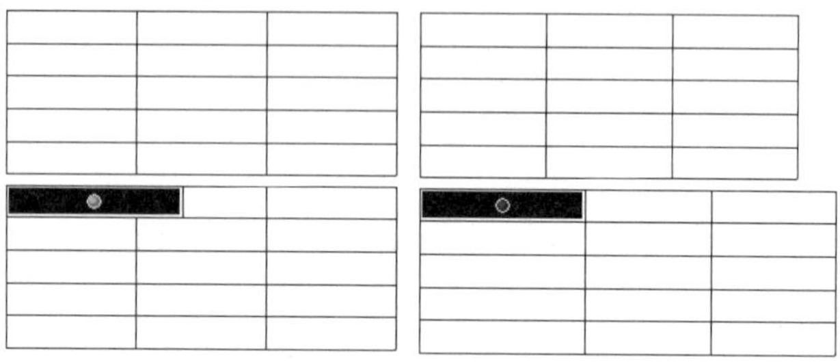

셀 합치기▶ 두 개 이상의 셀을 합치고자 할 때 사용한다. 합치고자 하는 셀을 선택한 후 오른쪽 마우스클릭 후 <셀 합치기>를 선택하거나, 단축키로는 합치고자 하는 셀을 선택한 후 <M>을 눌러주면 된다.

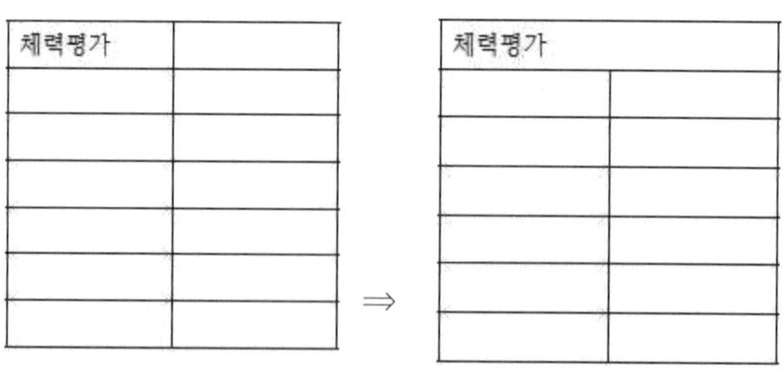

줄/칸 추가, 지우기▶ 표 작성 후, 추가하고자 하는 위치에 셀을 추가, 삭제하는 작업이다. 오른쪽 마우스를 클릭 후 <줄/칸 추가하기>, <줄/칸 지우기>를 클릭한다.

- 추가하기 : 마우스 커서를 기준으로 위, 왼, 오른, 아래쪽으로 줄/칸을 추가한다.
- 지우기 : 마우스 커서를 기준으로 해당 줄/칸을 지운다.

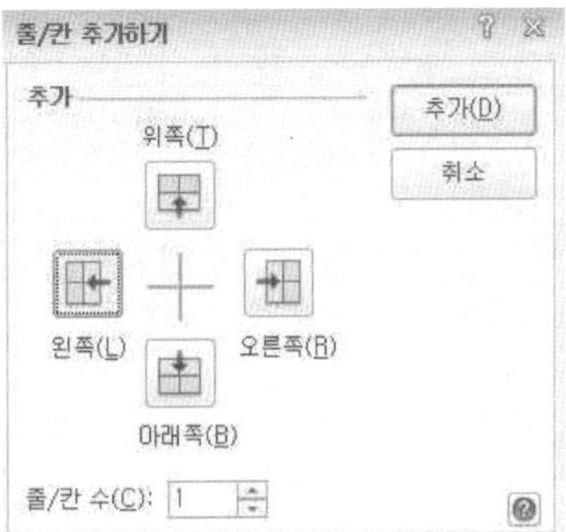

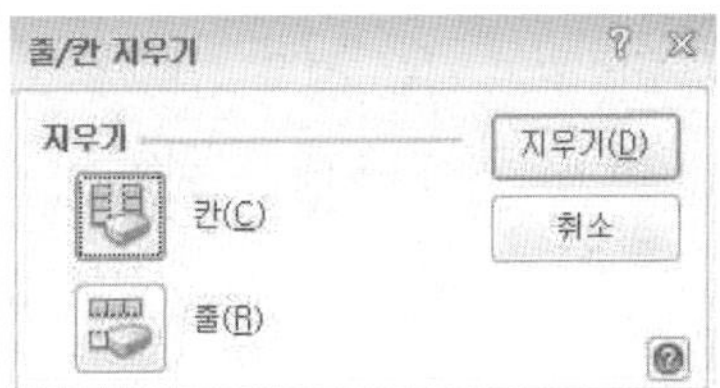

2) 표 서식 활용하기

표의 테두리와 셀의 색을 입히는 작업으로 표를 디자인 하는 작업이다. 서식을 활용함으로써 세련되고 효과적인 이미지 효과를 줄 수 있다.

표를 선택하면 도구 상자에 [표]가 추가된다.

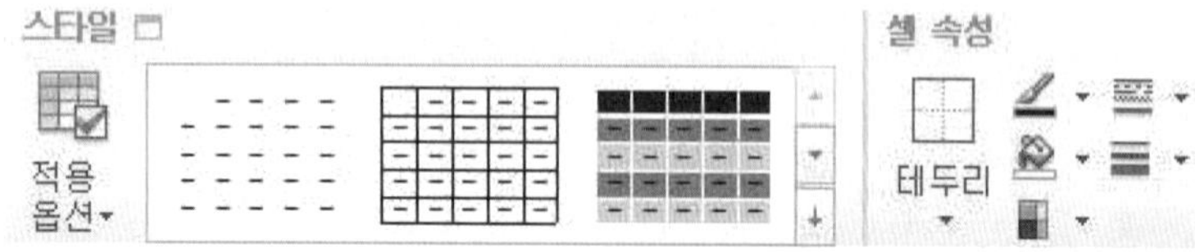

꾸미고자 하는 셀을 선택 후 오른쪽 마우스를 클릭하면 <표/셀 속성>과 <셀 테두리/배경>이 나타난다.

표 테두리▶ 꾸미고자 하는 셀 선택 - 오른쪽 마우스 클릭 - 셀 테두리/배경을 클릭하면 아래와 같은 화면이 뜬다. 메뉴는 테두리, 배경, 대각선으로 되어있다.

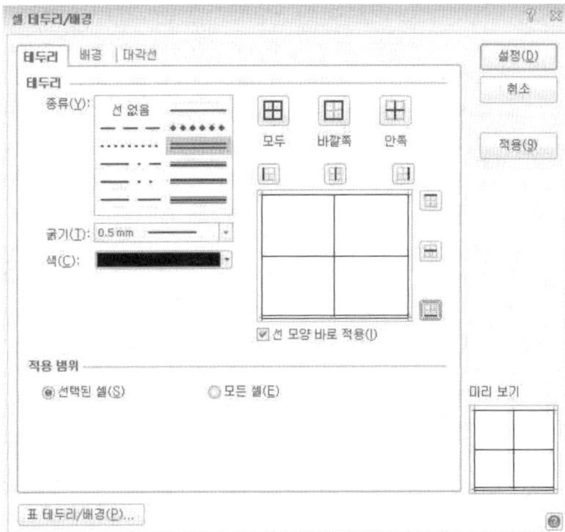

테두리 종류와 굵기를 선택한 후 꾸미고자 하는 방향을 선택하면 된다.

번호	이름	체력평가		심폐지구력		
		점수	등급	왕복오래달리기(회)	점수	등급
1	홍길동1	82	1	88	20	1
2	홍길동2	39	4	21	4	4
3	홍길동3	80	1	53	12	2
4	홍길동4	68	2	63	15	2
5	홍길동5	46	3	40	9	3

⇓

번호	이름	체력평가		심폐지구력		
		점수	등급	왕복오래달리기(회)	점수	등급
1	홍길동1	82	1	88	20	1
2	홍길동2	39	4	21	4	4
3	홍길동3	80	1	53	12	2
4	홍길동4	68	2	63	15	2
5	홍길동5	46	3	40	9	3

표 배경▶ 테두리 꾸미기와 동일한 방식으로 들어가면 두 번째 메뉴에 [배경]이 있다. 색, 그러데이션, 그림을 삽입할 수 있다.

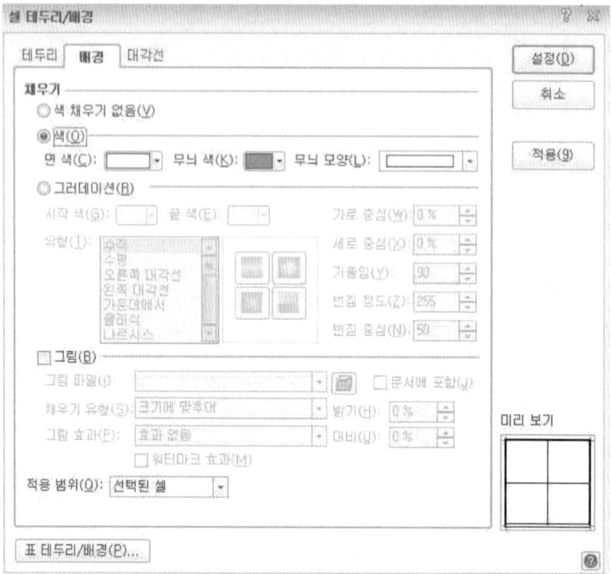

번호	이름	체력평가		심폐지구력		
		점수	등급	왕복오래달리기(회)	점수	등급
1	홍길동1	82	1	88	20	1
2	홍길동2	39	4	21	4	4
3	홍길동3	80	1	53	12	2
4	홍길동4	68	2	63	15	2
5	홍길동5	46	3	40	9	3

번호	이름	체력평가		심폐지구력		
		점수	등급	왕복오래달리기(회)	점수	등급
1	홍길동1	82	1	88	20	1
2	홍길동2	39	4	21	4	4
3	홍길동3	80	1	53	12	2
4	홍길동4	68	2			
5	홍길동5	46	3	40	9	3

표 대각선▶ 테두리 꾸미기와 동일한 방식으로 들어가면 세 번째 메뉴에 [대각선]이 있다.

테두리와 동일하게 대각선의 종류와 굵기, 색을 선택하고 대각선 모양을 선택해주면 자동 생성이 된다.

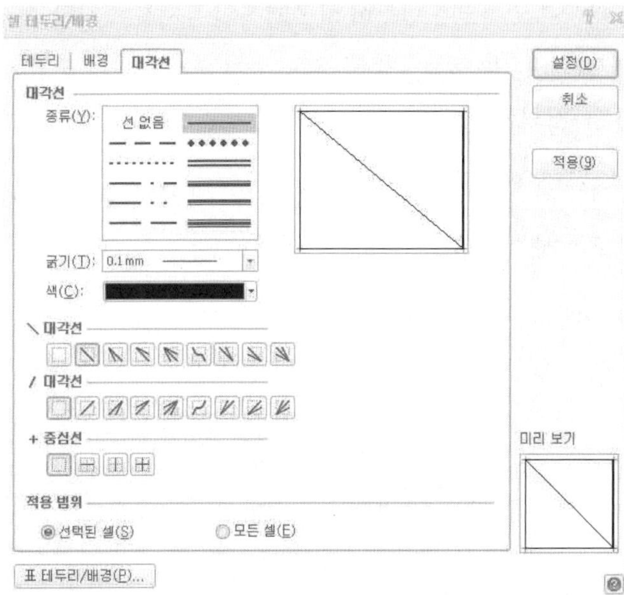

번호	이름	체력평가		심폐지구력		
		점수	등급	왕복오래달리기(회)	점수	등급
1	홍길동1	82	1	88	20	1
2	홍길동2	39	4	21	4	4
3	홍길동3	80	1	53	12	2
4	홍길동4	68	2			
5	홍길동5	46	3	40	9	3

4. 이미지 삽입

디지털 시대인 만큼 이미지의 활용도가 커졌다. 1부- 4장에서 배운 <스포츠 그림 만들기>를 사용하여 사진을 첨부할 수 있고, 앞서 배운 표 기능을 바탕으로 차트를 만들어 더 효과적인 문서를 작성할 수 있다.

1) 사진 첨부하기

컴퓨터에 저장되어있는 사진(그림)을 [입력] 도구 상자를 통해서 첨부해보도록 하자.

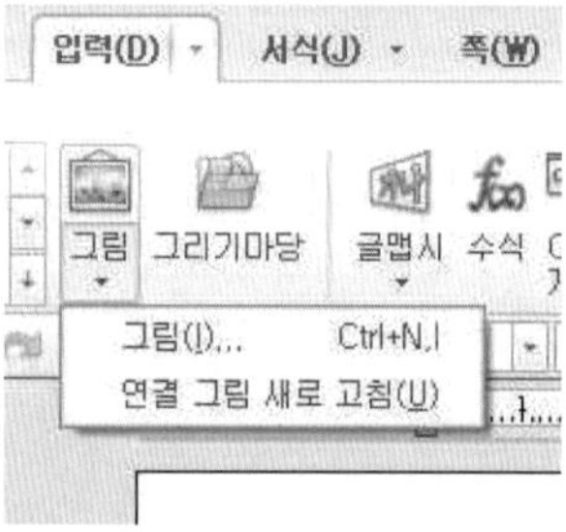

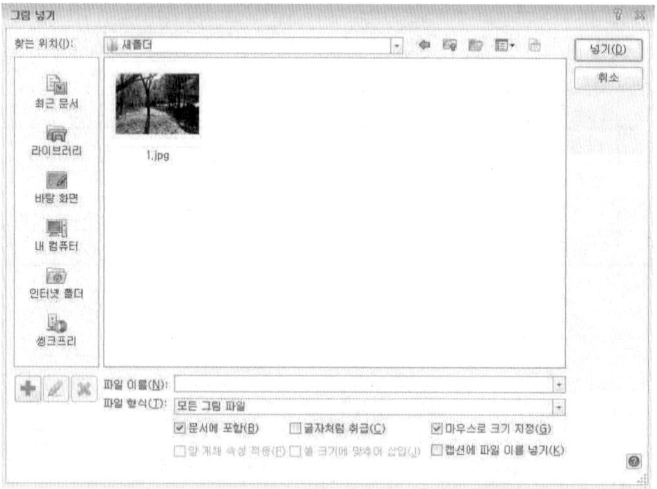

사진 삽입 후 사진을 클릭하면 [그림] 도구 상자가 생성된다. [그림] 도구 상자를 이용하여 스타일, 효과, 속성, 자르기 등 여러 가지 기능을 사용할 수 있다.

[그림] 도구 상자를 사용하여 다음과 같이 여러 가지 효과를 사용해 보자.

위 그림은 도구상자의 자르기, 그림자, 네온, 밝기(속성기능)를 사용하였다.

2) 차트 사용하기

차트는 여러 가지 자료를 분석하여 일정한 양식의 그림으로 나타낸 그림표를 뜻한다. 차트에는 범례와 축 이름이 속해있다.

차트 생성하기▶ 표를 전체 선택한 후 [입력] - [차트]를 클릭하면 기본차트가 생성이 된다.

이름	윗몸일으키기(cm)	팔굽혀펴기	제자리멀리뛰기(cm)
홍길동1	7.0	35	219.0
홍길동2	12.2	14	162.0
홍길동3	19.1	37	206.0
홍길동4	9.8	38	185.0
홍길동5	6.8	16	180.0

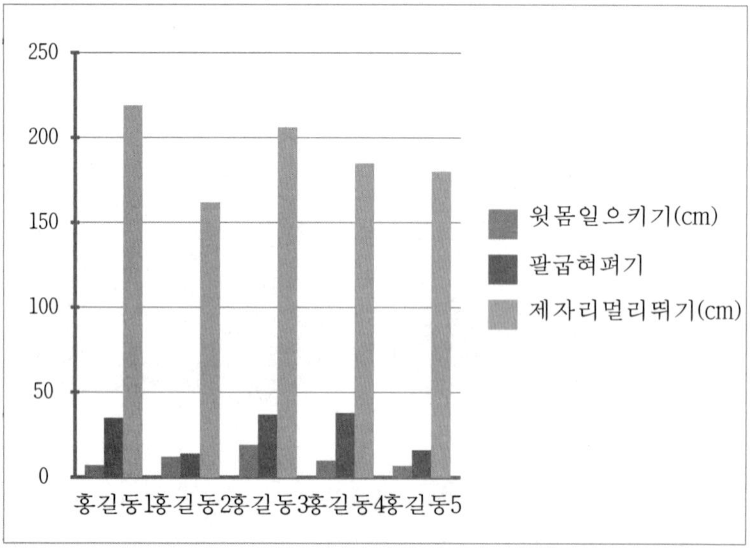

(현재 차트에서 범례는 차트 오른쪽에, 축은 차트 아래쪽에 있다)

차트 수정하기▶ 생성된 차트의 정보나 모양을 수정하고자 할 때의 사용방법을 배워보자.

더블 클릭을 하면 - 오른쪽 마우스 클릭을 하면 차트에 관한 여러 가지 메뉴들이 있다. 더블 클릭을 할 수 있는 종류로는 차트전체, 차트막대, 축, 범례가 있다.

아래의 그림은 차트전체를 더블클릭 한 화면이다.

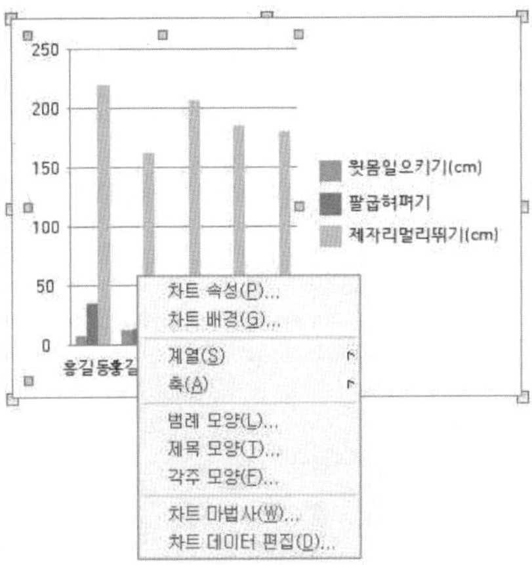

차트 모양은 2차원, 3차원으로 나뉘며 원하는 모양을 선택하면 자동으로 변경된다. 계열 순서도 바꿀 수 있다.

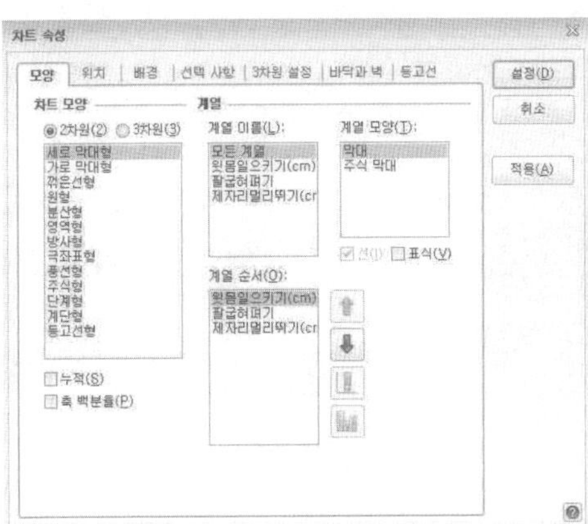

차트의 색상을 변경하거나 숨기고 싶을 때는 아래와 같이 막대를 더블클릭하면 수정이 가능하다.

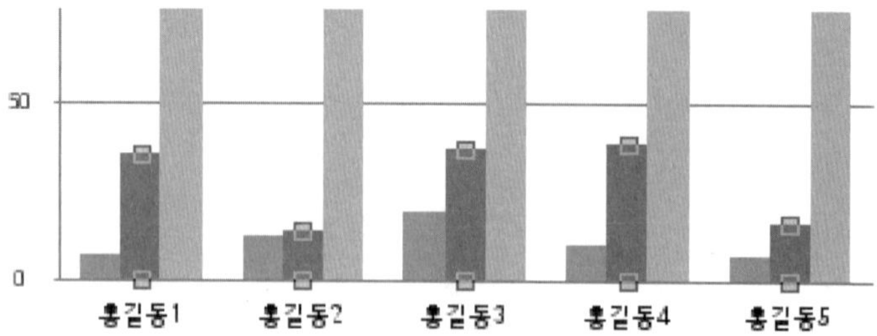

범례의 위치 변경도 가능하다. 범례를 더블 클릭하여 원하고자 하는 위치를 선택하면 된다.

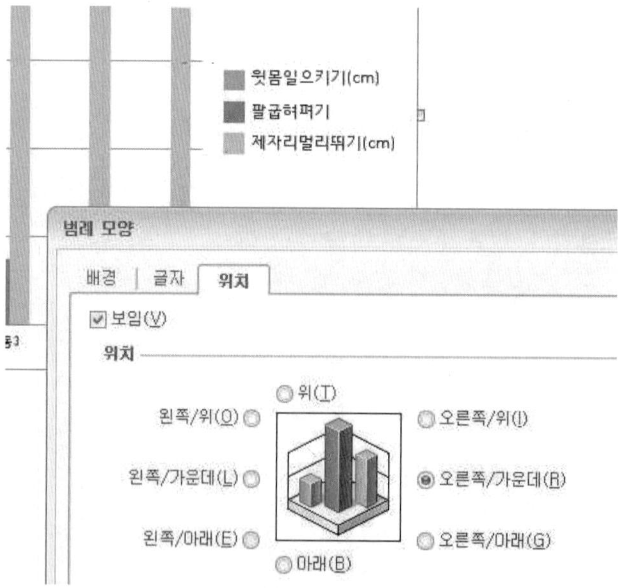

5. 평가

1) 단축키의 기능을 쓰시오.

2) 단축키 중 복사하기-붙이기 방법을 설명하시오.

3) 이미지 또는 그림 삽입 방법에 대해서 쓰시오.

4) 쪽 번호 매기기 방법을 설명하시오.

5) 2단 설정 나누기 방법에 대해서 설명하시오.

6) F7의 기능에 대해서 설명하시오.

7) 문서정보의 문서요약 기능에 대해서 설명하시오.

실습 1 : 울산대학교스포츠교실

(우) 000-000 울산대학교 스포츠교실 / 전화 259-2377 / 담당교수: 000 / 담당자: 000 (e-mail: sports@ulsan.ac.kr)

문서번호 0000-00

시행일자 0000. 0. 00.

(경유)

수신

참조

<table>
<tr><td>선결</td><td></td><td></td><td rowspan="2">지시</td><td colspan="2" rowspan="2"></td></tr>
<tr><td rowspan="2">접수</td><td>일자시간</td><td></td></tr>
<tr><td>번호</td><td></td><td rowspan="4">결재공람</td><td></td><td></td></tr>
<tr><td colspan="2">처리과</td><td></td><td></td><td></td></tr>
<tr><td colspan="2">담당자</td><td></td><td></td><td></td></tr>
<tr><td colspan="2">심사자</td><td></td><td></td><td></td></tr>
<tr><td colspan="2"></td><td></td><td colspan="2">심사일</td><td></td></tr>
</table>

제 목: '00년도 울산대학교 스포츠교실 운영에 따른 홍보상품 지원 협조요청

본 대학에서는 여름방학동안 초등학교 학생을 대상으로 스포츠교실을 다음과 같이 운영하고자 하오니 협조하여 주시기 바랍니다.

- 다 음 -

1. 기간 : 2000. 0. 00(월) - 00(금) 0일간
2. 시간 : 00교실(09:00-12:00)
3. 대상 : 관악·동작구내에 위치한 초등학생 중 초등 4·5·6학년

울산대학교 스포츠교실

08

워드로 글로벌 스포츠 문서 만들기
(Making Global Sport Document by Using Word Processor)

MS워드 프로그램은 우리나라에서 개발한 한글 프로그램에 비교된다. MS오피스 제품은 문서 표준을 공개하여 어떠한 워드프로세서 및 문서 편집기에서도 읽고 저장할 수 있다. MS워드를 사용하여 다른 오피스 프로그램과 연동하여 편지를 작성해보자.

1. 워드 시작하기 전에

MS워드는 한컴오피스와 같이 문서편집기(메모장)보다 다양한 기능을 자랑한다. 요즘 들어 MS워드가 세계 점유율이 90%에 달하며 엑셀, 파워포인트 등 다른 소프트웨어와 완벽하게 호환되는 장점이 있다.

이번 장에서 워드문서 작성법은 한글과 비슷하므로 문서를 만드는 것에는 어려움이 없다. 특별한 기능인 편지작성법과 소프트웨어/블로그 연동에 대해 배워보도록 하자.

2. 워드 편지작성방법

워드의 [편지]도구를 사용하여 편지봉투와 편지를 작성할 수 있고 작성 후에 인쇄하거나 전자메일로 보낼 수 있다.

1) 편지 봉투 작성하기

▶ 기본 봉투 작성하기

[편지] - [편지 병합 시작] - [봉투]에서 봉투 옵션과 인쇄 옵션을 사용하여 봉투 크기와 주소의 간격, 글꼴 등을 원하는 모양으로 변경해보자.

그리고 원하는 봉투 크기를 선택한 후 [편지] - [편지 병합 시작] - [단계별 편지 병합 마법사]를 실행한다. [봉투 옵션]에서는 봉투 크기, 받는 사람 주소의 글꼴, 반송 주소의 글꼴, 미리 보기 등을 설정할 수 있고, [인쇄 옵션]에서는 프린터, 공급 방법, 시계 방향으로 회전, 용지 공급 등을 설정할 수 있다.

봉투 옵션에서 봉투 크기, 글꼴, 프린터, 공급 방법, 시계 방향으로 회전, 용지 공급 방법 등을 수정해 보자.

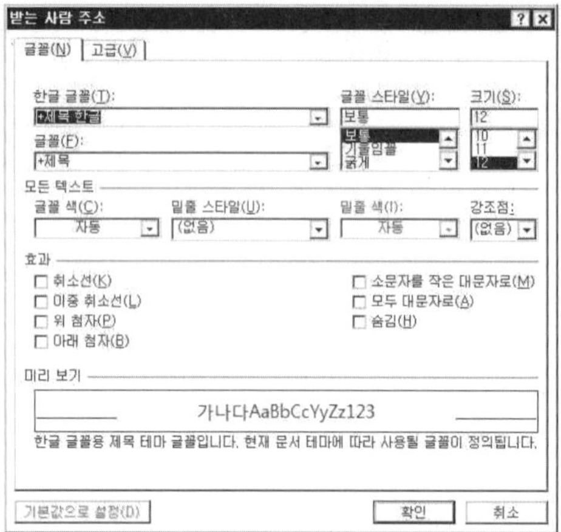

첫 번째, 우측에 [편지 병합]이라는 항목이 뜨며, 현재 봉투에 대한 문서를 작업 중이므로 봉투를 클릭한 후 [다음: 시작 문서]를 선택한다. 두 번째, [시작 문서 선택]으로 현재 봉투의 모양을 변경하고 싶으면 '문서 모양 변경'을 선택한 후 원하는 봉투의 크기를 선택한 후 [다음]으로 넘어간다.

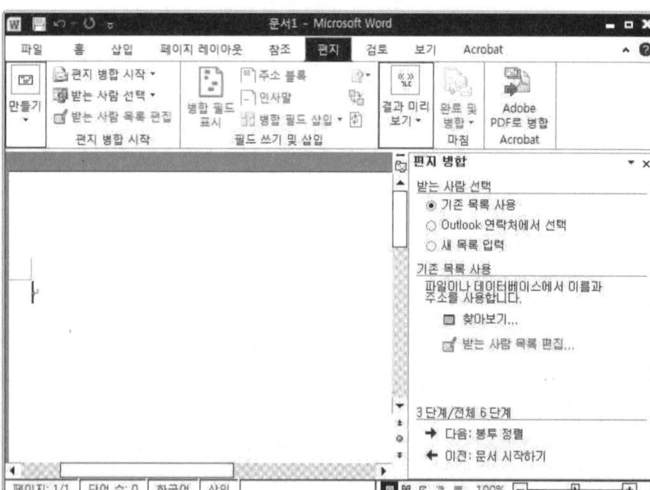

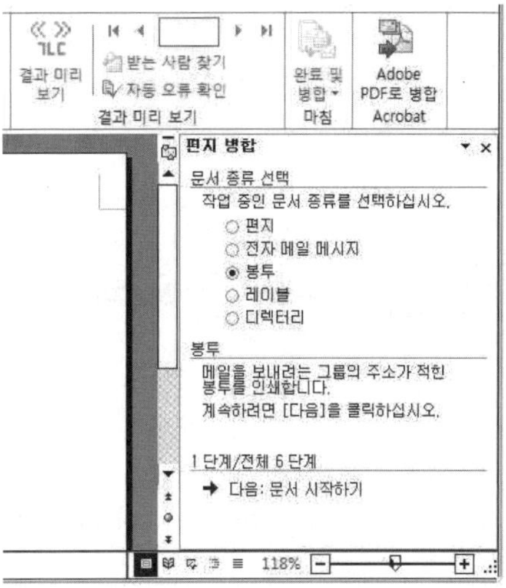

세 번째, [받는 사람 선택]항목으로 엑셀로 저장해둔 파일이 있으면 '기존 목록 사용'을 선택한 후 찾아 넣기를 하면 되고, 새로 입력하려면 '새 목록 입력'을 선택 후 [만들기]를 선택하여 다음과 같이 입력한 후 [다음]으로 넘어간다.

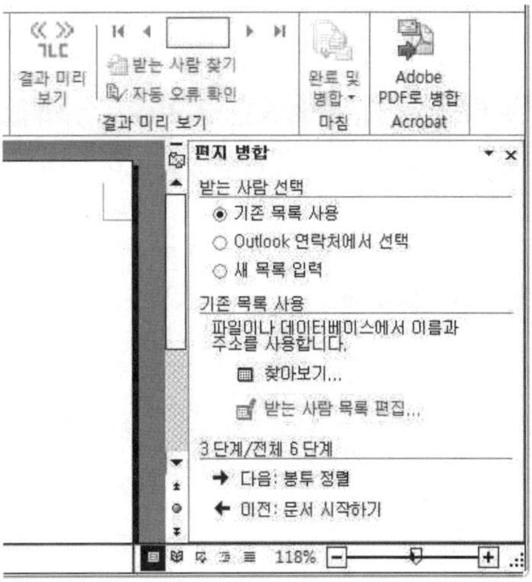

네 번째, [봉투 정렬]에서는 '주소 블록'을 사용하여 이미 만들어 놓은 주소록에서 파일을 불러온다.

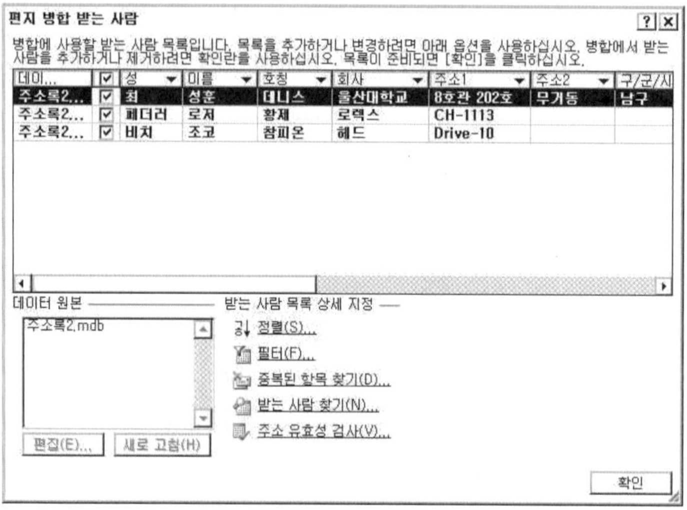

확인을 누르고 나면 '받는 사람 주소'에 주소가 자동 입력된다. 만들어진 봉투에 원하는 디자인과 사진 등을 입력한 후 인쇄를 하면 된다.

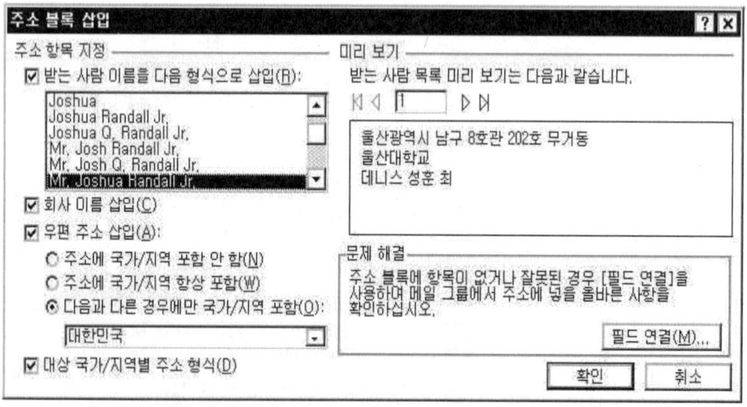

▶ 다수의 주소 입력하기

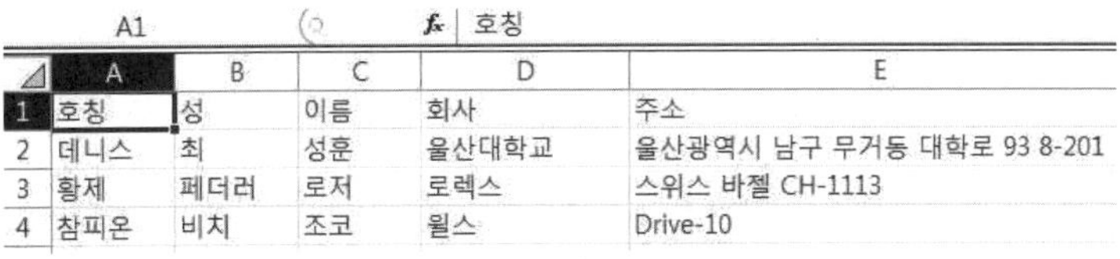

다음과 같은 정렬로 보내고자 하는 사람의 호칭, 성, 이름, 회사, 주소를 입력한 후 통합문서로 저장하고 [받는 사람 선택]항목에서 '기존 목록 사용'을 선택한 후 확인을 누른다.

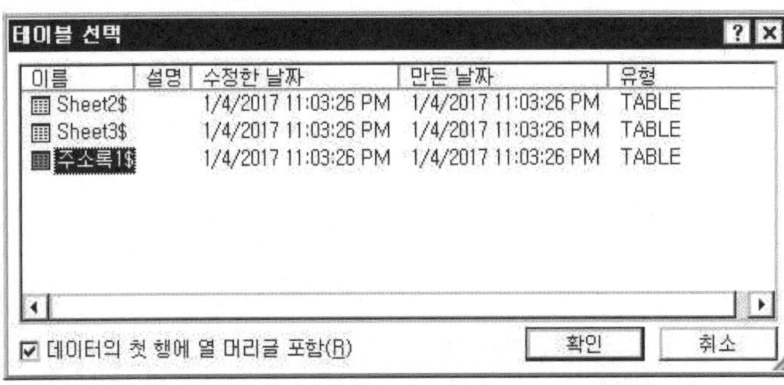

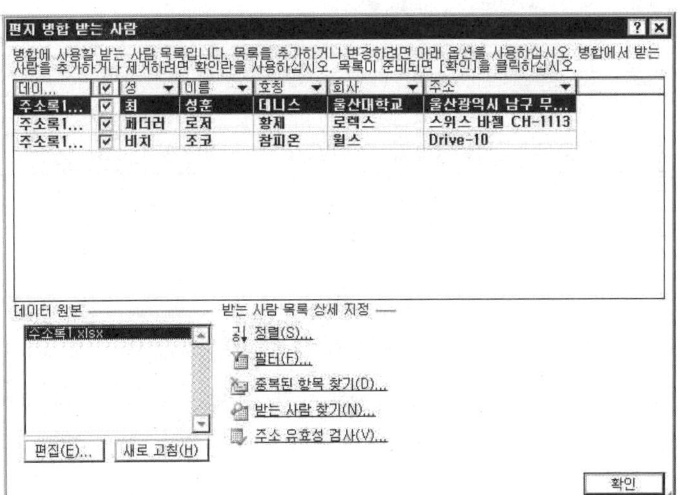

5단계인 [봉투 미리 보기]를 통해 입력된 주소를 확인 할 수 있다.

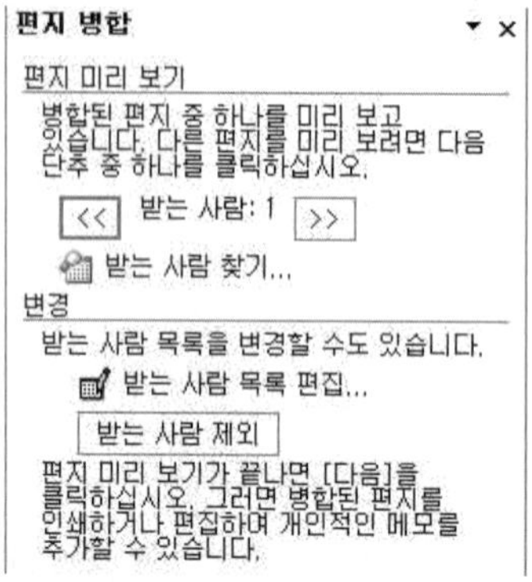

2) 전자 메일 보내기

여러 명의 사람들에게 공지 메일을 보내려고 할 때에 엑셀 연동과 편지병합기능을 사용하여 간단하게 보낼 수 있다. 원하는 내용과 메일 주소를 엑셀 통합문서로 저장을 한다.

이름	호관	날짜	시간	이메일
데니스1	1호관	12월1일	오전10시	dennis1@gmail.com
데니스2	2호관	12월1일	오전10시	dennis2@gmail.com
데니스3	3호관	12월1일	오전10시	dennis3@gmail.com
데니스4	4호관	12월1일	오전10시	dennis4@gmail.com

[편지]-[편지 병합 시작]-[단계별 편지 병합 마법사]를 실행한다. 1단계에서 '전자 메일 메시지', 2단계에서 '현재 문서 사용', 3단계에서 '기존 목록 사용'을 선택한 다음 <찾아보기>를 통해 저장해 둔 엑셀파일을 불러온다.

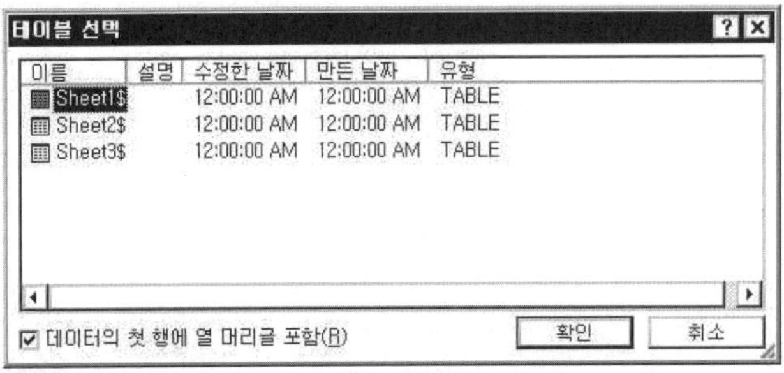

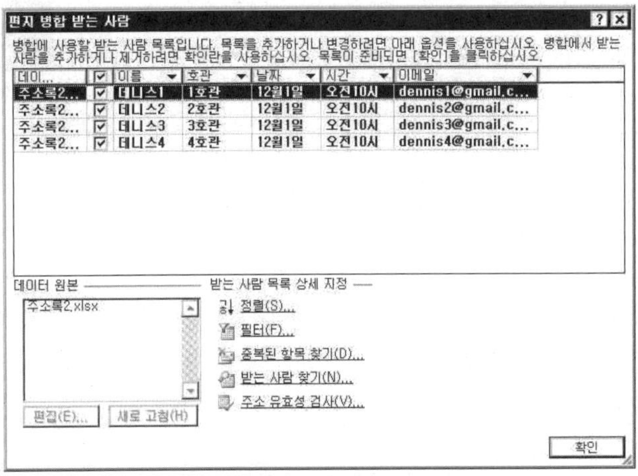

같은 내용의 공지를 보내고자 할 때에는 [필드 쓰기 및 삽입] - [병합 필드 삽입]을 사용하면 손쉽게 작성할 수 있다.

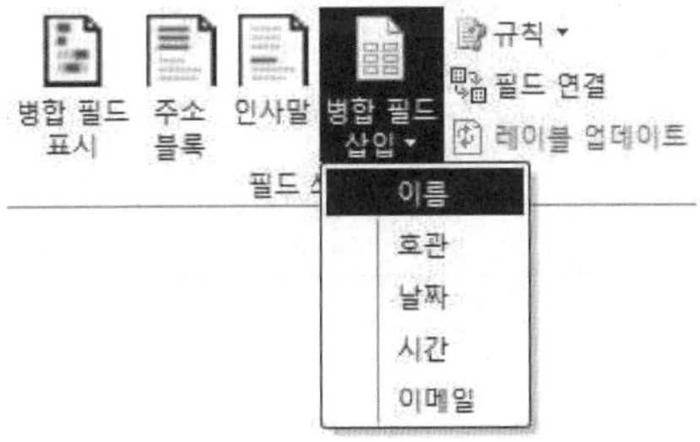

또한 [결과 미리 보기]를 사용해서 작성된 내용을 확인 할 수 있다.

«이름»님은 «날짜» «시간»에 «호관» 로비로 오시기 바랍니다.

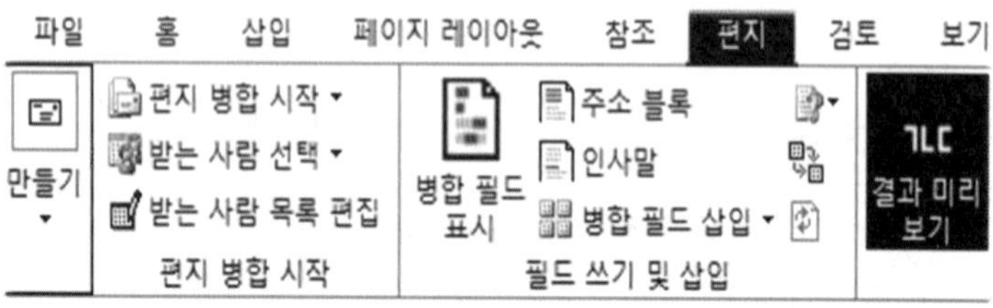

데니스1님은12월1일오전10시에 1호관 로비로 오시기 바랍니다.

작성이 완료되면 6단계 [병합 완료]에서 '전자 메일'을 선택한 후 아래와 같은 옵션을 선택한 후 Outlook을 사용해서 메일을 전송하면 된다.

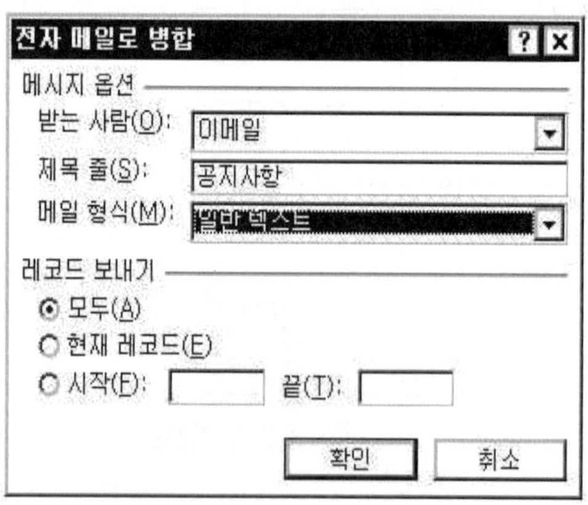

※ 다음과 같은 창이 뜨게 되면 [윈도우] - [제어판]에서 '메ㅌ일'을 검색한 후 [프로필 보기] - [추가]를 통해 프로필을 추가한다.

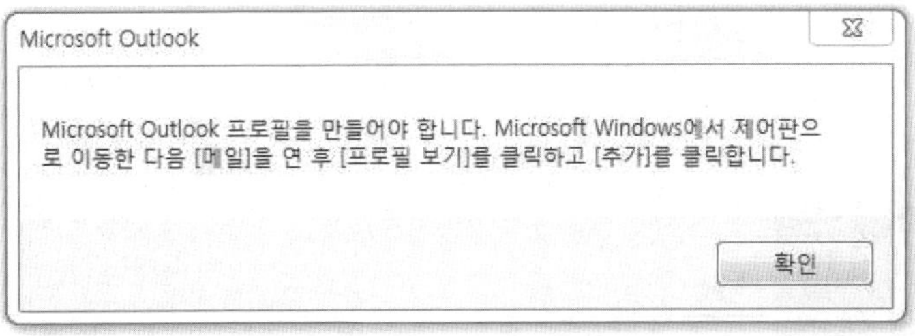

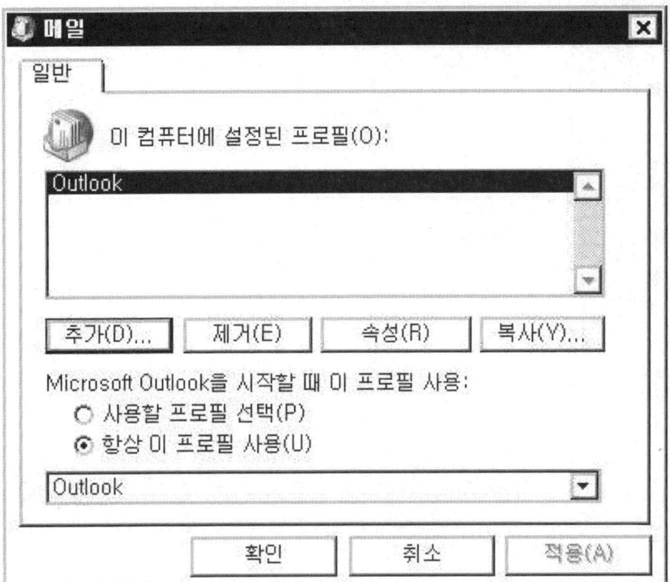

※ 전자 메일을 보낼 때 Outlook을 써야한다. Outlook을 실행 시킨 후 [계정 추가]를 통해 본인이 사용하는 주소와 암호를 입력하여 메일 서버 설정을 해보자.

3. 워드 사용 권한

워드에서 사용 권한 제한을 두어 읽기전용문서로 작성하는 방법을 배워보자. [파일] - [정보] - [문서 보호]에 들어가면 여러 가지 제한 메뉴가 있다. 암호를 설정할 수도 있고, 편집제한을 할 수도 있다.

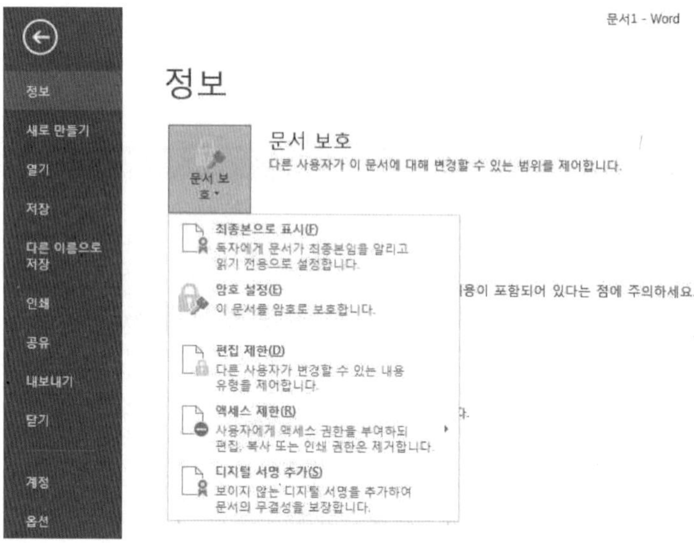

[편집 제한]을 선택하게 되면 창 오른쪽 편에 메뉴가 생성된다. 서식 제한과 편집 제한 두 가지로 제한을 줄 수 있으며, 편집 제한에는 변경 내용, 메모, 양식 채우기, 읽기 전용 중에 선택할 수 있다.

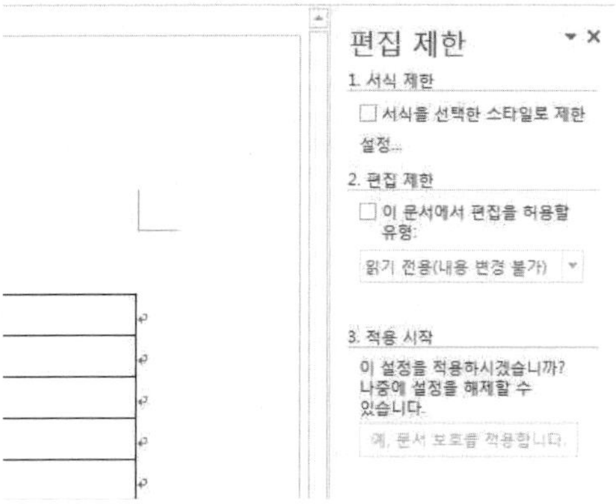

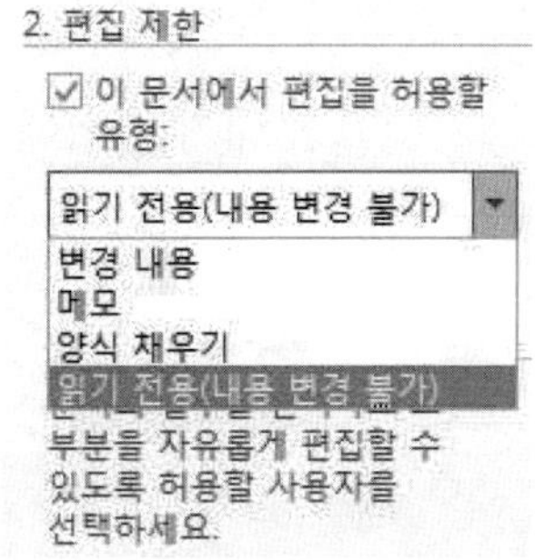

읽기 전용으로 하고 암호를 입력하면 작성한 문서가 읽기 전용으로 바뀐다. 문서를 저장한 뒤 작성한 문서를 열게 되면 편집할 수 없게 나타난다.

3. 평가

1) 워드의 편지 작성방법에 대해 설명하시오.

2) 워드를 이용하여 전자메일 보내기 방법에 대해 서술하시오.

3) 워드의 사용 권한을 설명하시오.

실습 2.

워드로 신청서 작성하기

<울산대 스포츠교실 참가 신청서>

1.이 름: ____________________

2.주 소: ____

3.학 교: _________________________ 학년 __________

4.지원종목: 테니스( ), 스키( )

5.운동하는데 문제가 될 만큼 아픈 데가 있나요? 아픈 데가 있다면 선생님이 알 수 있도록 간단히 적어주세요.

6. 스키를 타고 슬로프에서 넘어지지 않고 내려올 수 있나요? 예(　　) 아니오(　　)

7. 울산대학교 스포츠교실에서 겨울방학을 이용하여 스키교실을 한다면 참가할 의향이 있나요?

예(　　) 아니오(　　)

8. 울산대학교 스포츠교실 팬클럽에 가입(무료)하여 선물과 소식지를 받아 볼 의향이 있나요? 있으면 가입해드리겠습니다.

예(　　) 아니오(　　)

울산대학교 스포츠교실 담당자 귀하

협찬: 울산광역시 교육청　울산광역시

http://www.use.go.kr　http://www.ulsan.go.kr

09

엑셀로 스포츠 스프레드시트 만들기
(Making Sport Spreadsheet by Using Excel)

엑셀은 수치 계산, 데이터 관리기능,
자동 매크로 기능이 필요할 때에 유용하며,
일상생활에서 필요한 성적표, 회계장부, 명단 관리 등
많은 곳에 편리하게 쓰일 수 있다.
엑셀 작성법을 배우고 평가 및 실습을 통
해서 손에 익히는 시간을 가져보자.

1. 엑셀 시작하기 전에

엑셀은 마이크로소프트 오피스 시스템의 스프레드시트 프로그램이다. 데이터를 분석하고 보다 풍부한 정보를 바탕으로 비즈니스 결정을 내리기 위해 엑셀을 사용하여 통합 문서를 만들고 해당 서식을 지정할 수 있다. 엑셀을 사용하면 데이터를 추적하고, 데이터 분석을 위한 모델을 만들고, 해당 데이터에 대한 계산을 실행하기 위한 수식을 작성하고, 다양한 방식으로 데이터를 피벗하고, 다양한 전문가 수준의 차트에 데이터를 나타내는 등의 작업을 실행할 수 있다. 잘 모르는 부분은 [엑셀 도움말] 기능을 활용하면 된다.

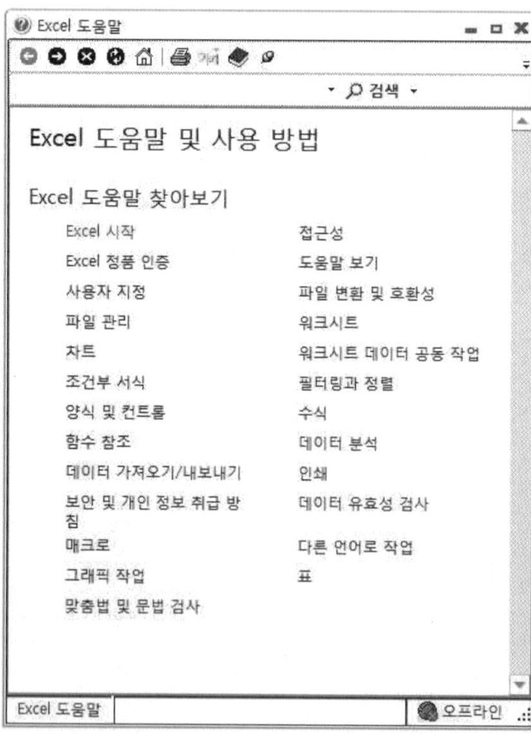

2. 엑셀 시작하기

엑셀 [파일]-[새로 만들기]를 클릭하면 새 통합문서, 최근 서식 파일, 예제 서식 파일, 내 서식 파일, 기존 항목에서 새로 만들기 등이 보인다. 물론 Office.com의 서식 파일을 이용할 수도 있다. 먼저 [새 통합문서] 아래 [만들기]를 클릭한다.

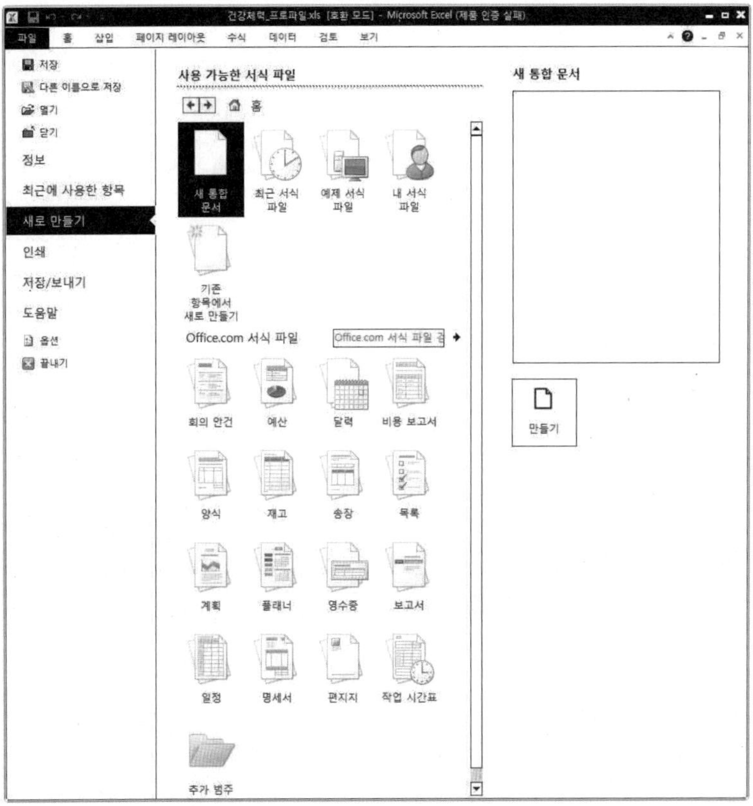

[만들기]를 클릭하면 기본 작업창이 뜨게 된다. 기본 작업창의 구성은 파일, 홈, 삽입, 페이지 레이아웃, 수식, 데이터, 검토, 보기 등으로 구성된다.

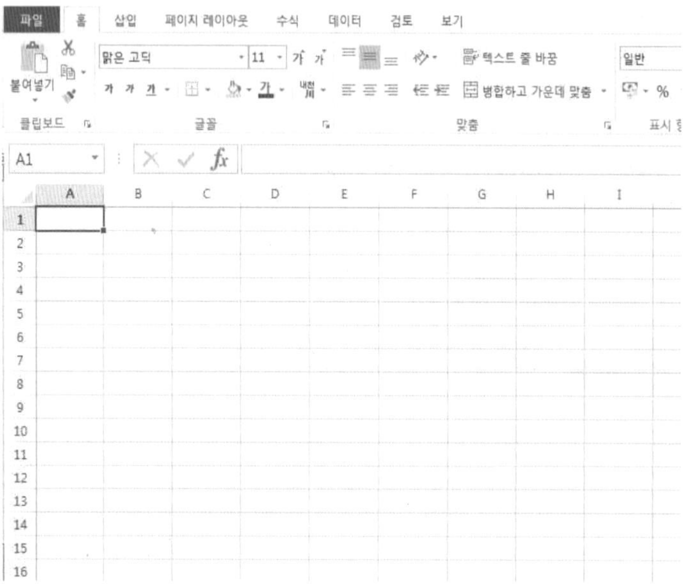

[파일]을 클릭하면 [저장, 다름 이름으로 저장, 열기, 닫기, 정보, 최근에 사용한 항목, 새로 만들기, 인쇄, 저장/보내기, 도움말, 옵션, 끝내기] 등이 보인다. [홈]을 클릭하면 기본 작업창으로 이동하는데 클립보드, 글꼴, 맞춤, 표시 형식, 스타일, 셀, 편집 등으로 구성되어 있다. [삽입]은 표, 일러스트레이션, 차트, 스파크라인, 필터, 링크, 텍스트, 기호 등으로 이루어져 있다. [페이지 레이 아웃]은 테마, 페이지 설정, 크기 조정, 시트 옵션, 정렬 등의 기능을 사용할 수 있다.

2. 문서 작성하기

1) 엑셀 기본 배우기

엑셀의 기본 용어와 사용방법을 배워보자.

엑셀 용어▶

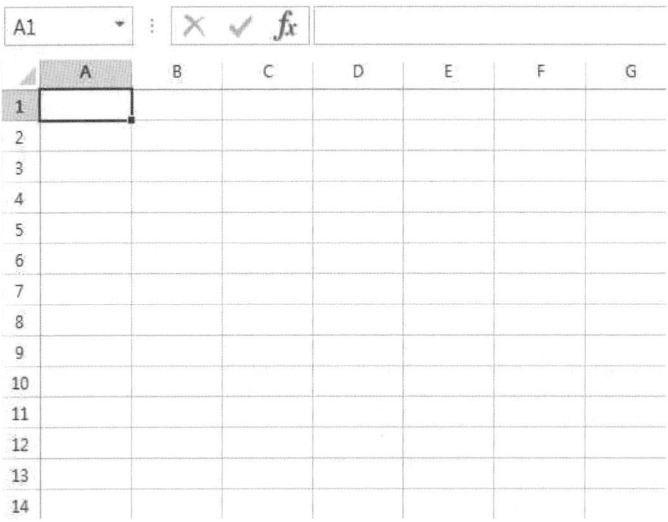

워크시트	엑셀 작업용지를 이르는 말이다.
셀	워크시트는 행과 열로 나눠져 있으며 행은 숫자로 표시되고 열은 알파벳 대문자로 표시된다. 셀은 행과 열이 만나는 부분으로 워크시트의 기본이 된다.
수식 입력 줄	셀에 입력되는 내용이 표시되는 부분이다.
이름상자	선택된 셀의 주소나 함수, 이름 등이 표시된다.

워크시트 사용방법▶

- 이름 변경하기

① [홈]도구 상자 – 셀 – 서식- [시트 이름 바꾸기]

② Sheet이름 선택 – 오른쪽 마우스 [이름 바꾸기]

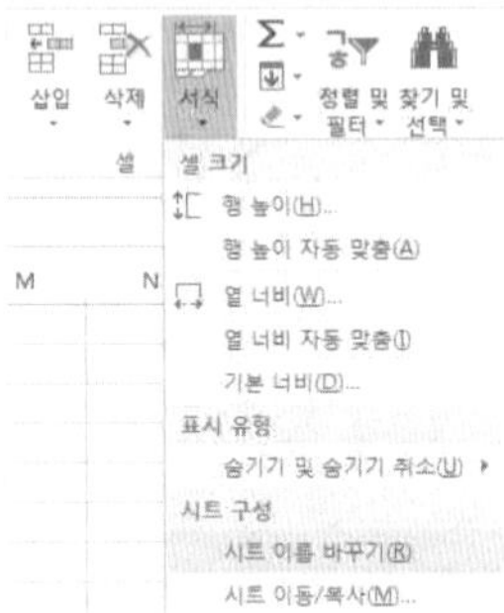

- 삽입하기

① [홈]도구 상자 – 셀 – 삽입 –[시트 삽입]

② sheet이름 선택 – 오른쪽 마우스 [이동/복사하기]

③ sheet이름 옆 (+)버튼 선택

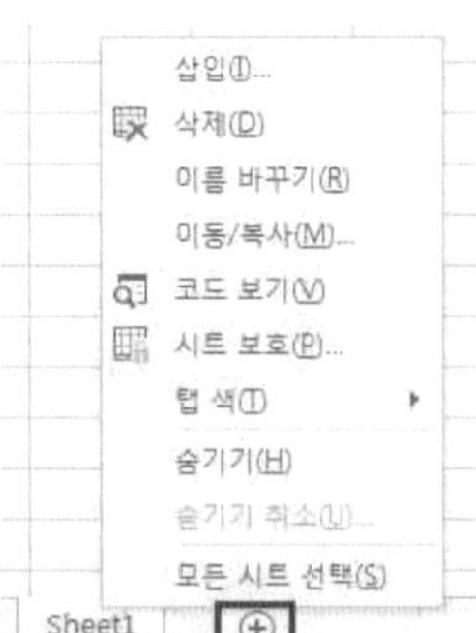

- 이동/복사하기

① [홈]도구 상자 – 셀 – 서식- [시트 이동/복사]

② Sheet이름 선택 – 오른쪽 마우스 [이동/복사]

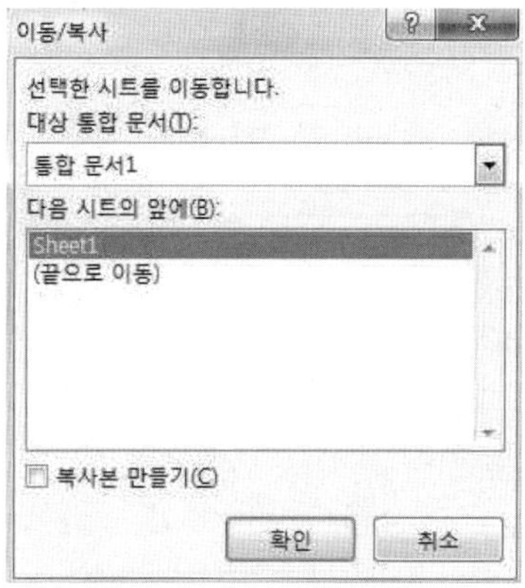

(예) 현재 sheet1을 sheet2뒤로 이동하기

다음 시트의 앞에 :에서 sheet3를 선택하고 확인을 누른다.

(예) 현재 sheet1을 sheet2뒤로 복사하기

다음 시트의 앞에: 에서 sheet3를 선택하고 [복사본 만들기]를 클릭 후 확인을 누른다.

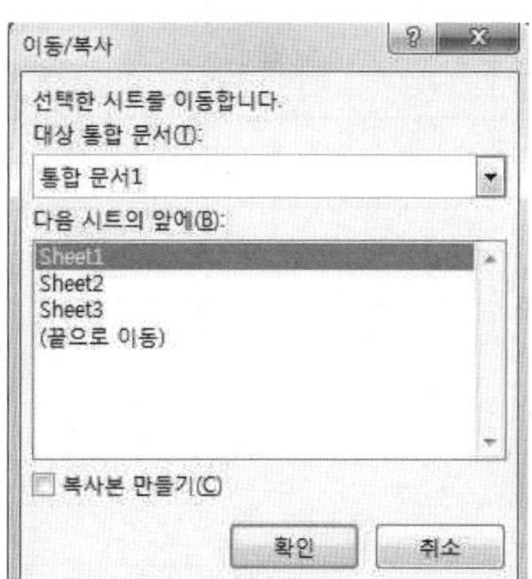

2) 셀 사용방법

아래 그림과 같이 내용을 입력한 후, 셀 행/열 크기 조절, 셀 병합, 셀 서식, 테두리 바꾸기 등, 셀 사용방법을 배우며 바꿔보자.

	A	B	C	D	E	F	G
1	번호	이름	건강체력평가		심폐지구력		
2			점수	등급	왕복오래달리기	점수	등급
3	1	홍길동1	82	1	88	20	1
4	2	홍길동2	39	4	21	4	4
5	3	홍길동3	80	1	53	12	2
6	4	홍길동4	68	2	63	15	2
7	5	홍길동5	46	3	40	9	3
8	6	홍길동6	76	2	60	14	2
9	7	홍길동7	81	1	75	20	1
10	8	홍길동8	37	4	33	7	4
11	9	홍길동9	46	3	42	9	3
12	10	홍길동10	48	3	42	9	3

	A	B	C	D	E	F	G
1	번호	이름	건강체력평가		심폐지구력		
2			점수	등급	왕복오래달리기(회)	점수	등급
3	1	홍길동1	82	1	88	20	1
4	2	홍길동1	39	4	21	4	4
5	3	홍길동1	80	1	53	12	2
6	4	홍길동1	68	2	63	15	2
7	5	홍길동1	46	3	40	9	3
8	6	홍길동1	76	2	60	14	2
9	7	홍길동1	81	1	75	20	1
10	8	홍길동1	37	4	33	7	4
11	9	홍길동1	46	3	42	9	3
12	10	홍길동1	48	3	42	9	3

셀 합치기▶

- 합치고자 하는 셀 선택 – 오른쪽 마우스 - [셀 서식] 메뉴 - [셀 병합] 선택
- 합치고자 하는 셀 선택 - [홈]도구 상자 – 맞춤 - [병합하고 가운데 맞춤]선택

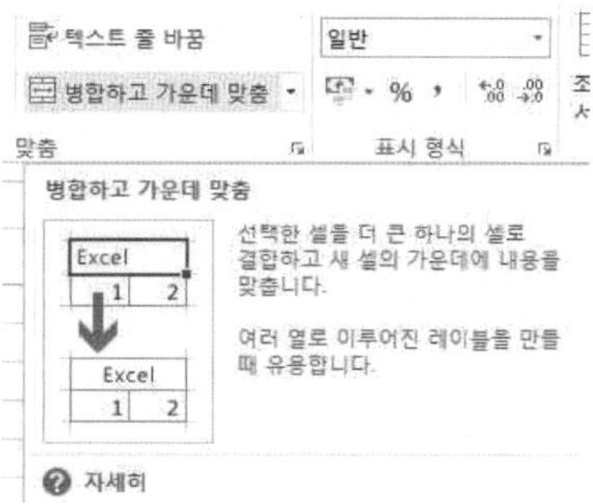

다음과 같이 번호, 이름, 건강체력평가, 심폐지구력을 셀 합치기 해 보자.

셀 행/열 크기변경▶

- 조절하고자 하는 행/열의 높이/너비를 입력한다.
- 원하고자 하는 높이/너비만큼 마우스로 끈다.

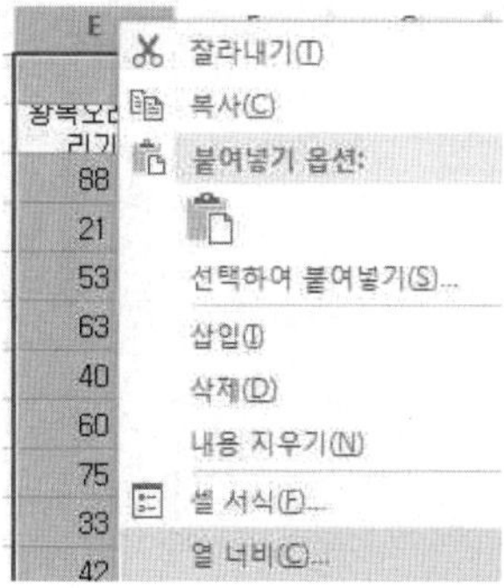

셀 테두리 꾸미기▶

- 꾸미고자 하는 셀 선택 – 오른쪽 마우스 - [셀 서식] 메뉴 - [테두 리] 선택

- [홈] 도구 상자에서 클릭해서 원하는 테두리 선택

셀 채우기▶

- 꾸미고자 하는 셀 선택 – 오른쪽 마우스 - [셀 서식] 메뉴 - [채우기] 선택

- [홈] 도구 상자에서 클릭해서 원하는 색상 선택

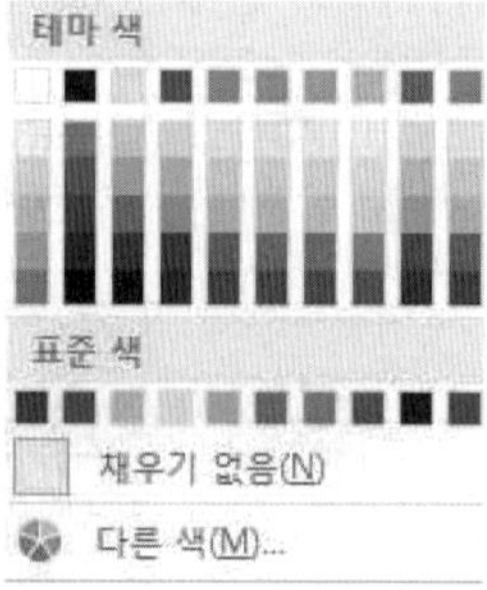

채우기 핸들러▶ 엑셀 기능 중에 연속된 데이터를 채우는 기능이 있다. 숫자, 글자, 월별 등 연속 데이터를 채워보자.

- 똑같은 데이터 입력하기

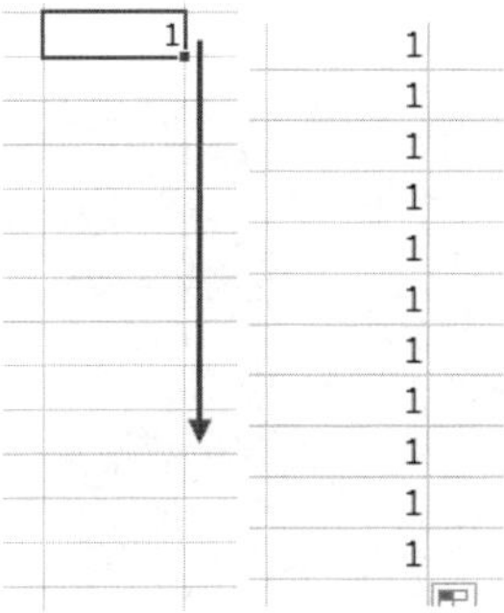

- 연속된 데이터 입력하기

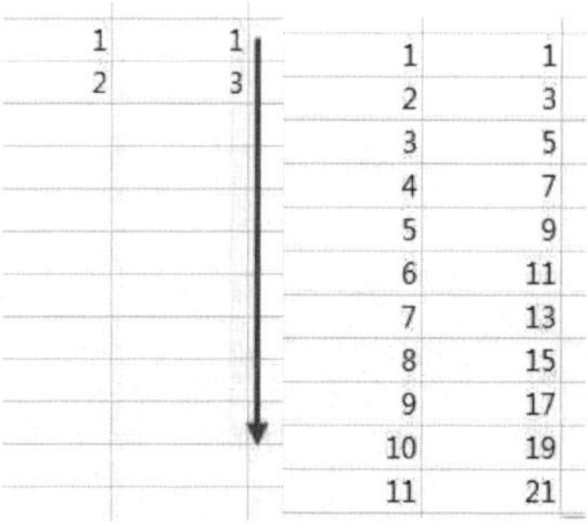

- 월별 입력하기

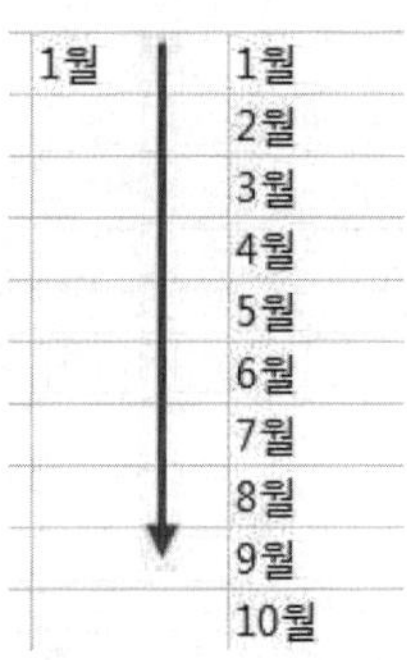

- 글자 연속데이터 입력하기

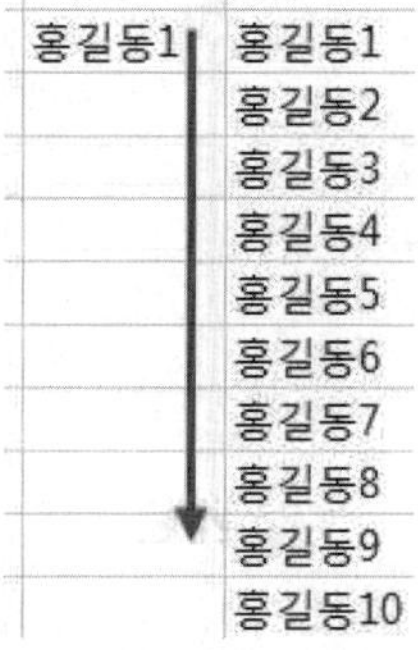

※ 숫자를 입력하여 마우스로 끌 때에 [Ctrl]을 누르고 마우스로 끌면 +1되는 값으로 자동 채우기가 된다.

교과과정을 보면 수영은 전공 필수 교과목이다. 자유형과 평영은 필수이고 접영과 배영은 선택 사항이다. 여러분은 수영 강사 또는 매니저로서 엑셀을 이용하여 수강생들의 기록이나 점수를 코딩하여 스포츠 관련 정보를 생산하고 활용할 수 있어야 한다.

3. 데이터 정렬/필터링하기

1) 데이터 정렬하기

입력한 데이터를 순차적으로 오름차순, 내림차순으로 정렬해보자. 오름차순은 작은 것에서 큰 것으로, 내림차순은 큰 것에서 작은 것으로 정렬하는 것을 뜻한다.

1반 수영점수

이름	나이	자유형	배영	평영	접영	종합점수
홍길동1	25	98	80	91	88	382
홍길동2	22	95	97	67	90	371
홍길동3	21	70	72	83	85	331
홍길동4	22	90	83	84	92	371
홍길동5	24	77	79	88	83	351
홍길동6	25	95	93	87	91	391
홍길동7	20	100	91	96	90	397

↓

1반 수영점수

이름	나이	자유형	배영	평영	접영	종합점수
홍길동7	20	100	91	96	90	397
홍길동6	25	95	93	87	91	391
홍길동1	25	98	80	91	88	382
홍길동2	22	95	97	67	90	371
홍길동4	22	90	83	84	92	371
홍길동5	24	77	79	88	83	351
홍길동3	21	70	72	83	85	331

위 표와 같이 입력하여 종합점수의 데이터를 정렬 해보자.

정렬 편집기능은 [홈] 도구 상자-[정렬 및 필터]기능에서 사용 할 수 있다. 숫자 데이터를 선택하면 숫자 오름차순/내림차순이 뜨고, 텍스트 데이터를 선택하면 텍스트 오름차순/내림차순이 뜬다.

<1반 수영점수>를 모두 입력한 후, 표 전체를 선택해서 [정렬 및 필터] - [사용자 지정 정렬]을 클릭해서 정렬하는 방법에 대해 알아보자.

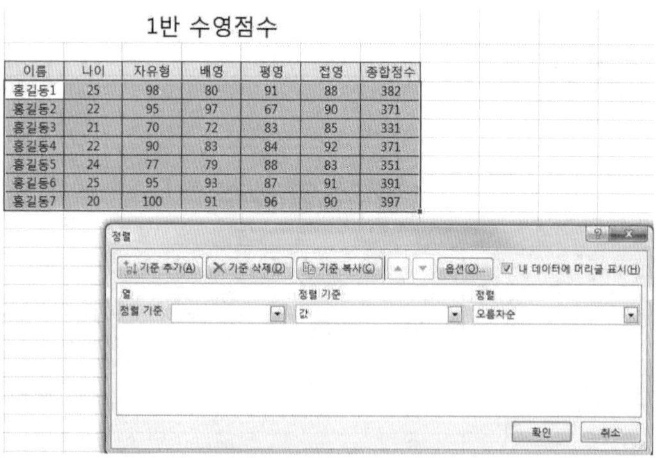

이름	나이	자유형	배영	평영	접영	종합점수
홍길동1	25	98	80	91	88	382
홍길동2	22	95	97	67	90	371
홍길동3	21	70	72	83	85	331
홍길동4	22	90	83	84	92	371
홍길동5	24	77	79	88	83	351
홍길동6	25	95	93	87	91	391
홍길동7	20	100	91	96	90	397

[사용자 지정 정렬]기능을 살펴보면, 기준을 지정해야 한다. 우리는 종합점수에 대한 정렬을 해야 하기 때문에 정렬 기준에 종합점수, 정렬 기준에 값, 정렬에 내림차순을 선택하면 된다.

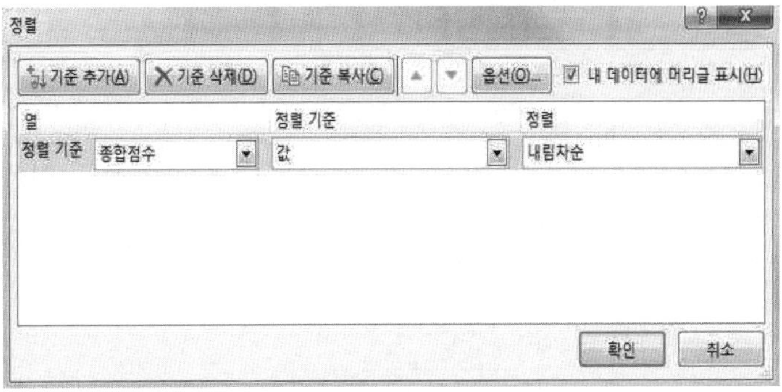

또 다른 기준을 추가하고 싶으면 [기준 추가], 기준을 삭제하고 싶으면 [기준 삭제], 기준을 복사하고 싶으면 [기준 복사]를 선택 후 기준을 선택해주면 된다.

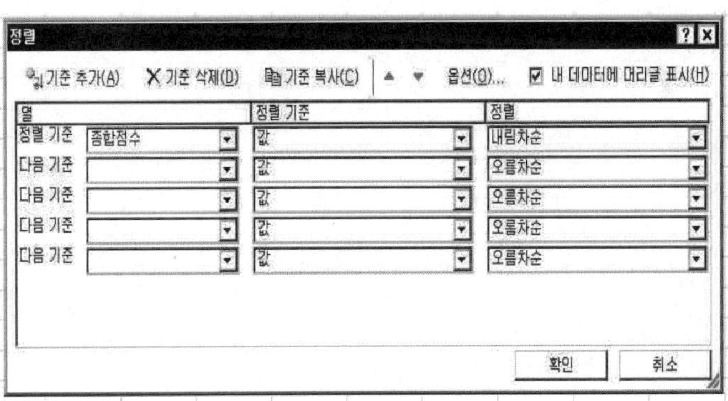

2) 데이터 필터링 하기

데이터 필터링(data filtering) 기능은 입력한 데이터를 원하는 조건에 맞게 보고자하는 내용만 검색하여 볼 수 있게 해주는데, 이 기능은 표 작업에서 매우 유용한 기능이어서 앞으로 사용 빈도가 매우 높은 기능이다.

아래와 같이 <1반 수영점수> 데이터를 입력 후에 이름, 나이, 자유형, 배영, 평영, 접영, 종합점수에 따라서 데이터 필터링 기능의]숫자 필터] 기능을 사용해서 다시 정렬해보도록 하자. 이때 종합점수는 나이를 포함시키지 않아야 한다.

1반 수영점수						
이름	나이	자유형	배영	평영	접영	종합점수
홍길동1	25	98	80	91	88	357
홍길동2	22	95	97	67	92	351
홍길동3	21	70	72	83	85	310
홍길동4	22	90	83	84	92	349
홍길동5	24	77	79	88	83	327
홍길동6	25	95	93	87	91	366
홍길동7	20	100	91	96	90	377

↓

1반 수영점수						
이름	나이	자유형	배영	평영	접영	종합점
홍길동1	25	98	80	91	88	357
홍길동2	22	95	97	67	92	351
홍길동6	25	95	93	87	91	366

필터링을 하고자하는 셀을 선택한 후(표 전체선택), [홈] 도구 상자 - [정렬 및 필터] - [필터]를 클릭한다.

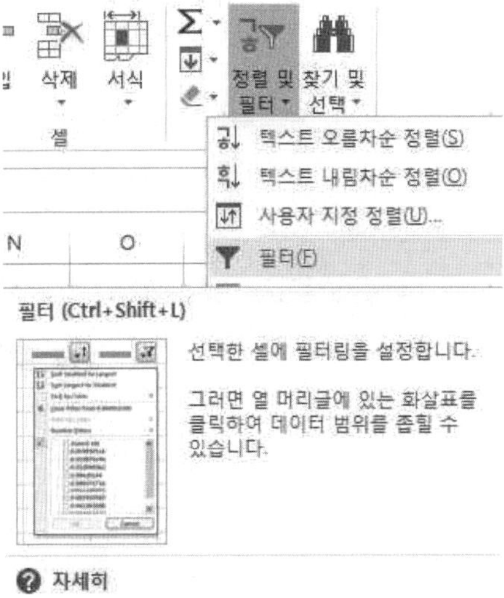

1반 수영점수						
이름	나이	자유형	배영	평영	접영	종합점수
홍길동1	25	98	80	91	88	357
홍길동2	22	95	97	67	92	351
홍길동3	21	70	72	83	85	310
홍길동4	22	90	83	84	92	349
홍길동5	24	77	79	88	83	327
홍길동6	25	95	93	87	91	366
홍길동7	20	100	91	96	90	377

필터링을 하게 되면 위 그림과 같이 각 필드에 목록상자가 생긴다. 개별적으로 원하는 레코드만 선택할 수도 있고 사용자 지정으로 인해 원하는 필터링도 가능하다.

만약 여러분이 자유형, 배영, 평영, 접영 등을 합한 종합점수가 350점 이상인 학생들의 점수가 필요하다면 데이터 필터링 기능의 [숫자 필터]에서 [보다 큼] 기능을 사용해야한다.

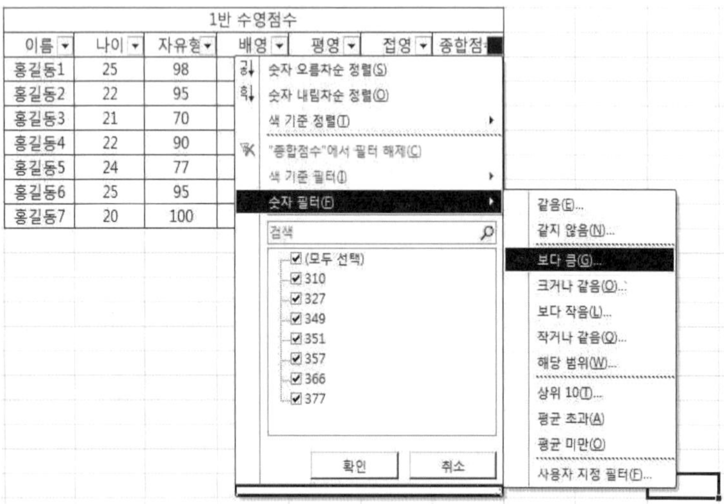

아래 그림과 같이 사용자 지정 자동 필터에 찾을 조건을 종합점수 값 입력칸에 350이라고 입력하고 확인을 누르면 자동 필터 기능을 사용된 결과가 나타난다.

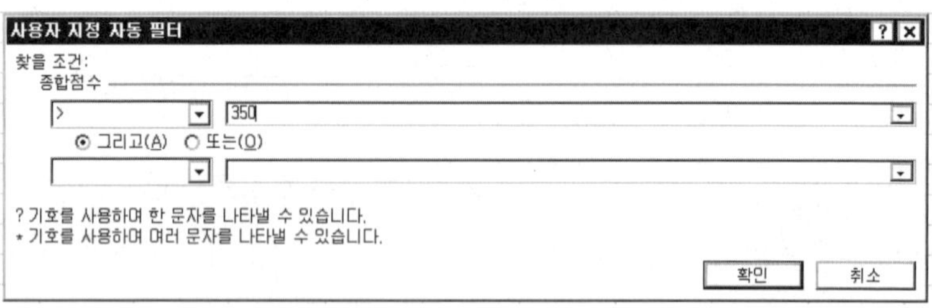

데이터 필터링 기능에서 [숫자 필터] - [보다 큼] 기능을 사용해서 얻은 최종 결과는 다음과 같다.

1반 수영점수						
이름	나이	자유형	배영	평영	접영	종합점수
홍길동1	25	98	80	91	88	357
홍길동2	22	95	97	67	92	351
홍길동6	25	95	93	87	91	366

[숫자 필터] - [사용자 지정 필터]를 선택하게 되면 더 다양한 조건을 지정할 수 있다. 만약 종합점수가 350점과 370점 사이의 값을 필터링하고 싶다면 사용자 지정 자동 필터 창에서 점수를 입력하고 조건을 선택하면 된다. 조건을 만족하는 최종 결과는 홍길동1, 홍길동2, 홍길동6 이었다.

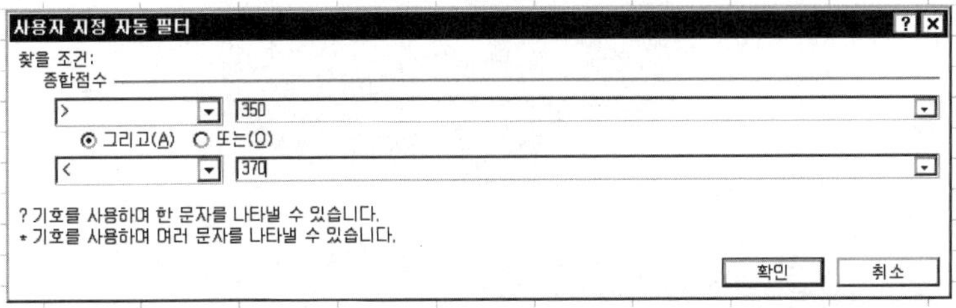

↓

1반 수영점수						
이름	나이	자유형	배영	평영	접영	종합점수
홍길동1	25	98	80	91	88	357
홍길동2	22	95	97	67	92	351
홍길동6	25	95	93	87	91	366

3) 그래프 그리기

엑셀은 기본 데이터를 이용하여 다양한 그래프 그리기가 가능하고 작성된 그래프를 한글이나 워드, 파워포인트에 복사하기를 할 수 있어서 데이터의 연동이 좋다고 할 수 있다. 수영점수를 바탕으로 2차원 세로막대형 그래프와 3차원형 그래프를 그려보자.

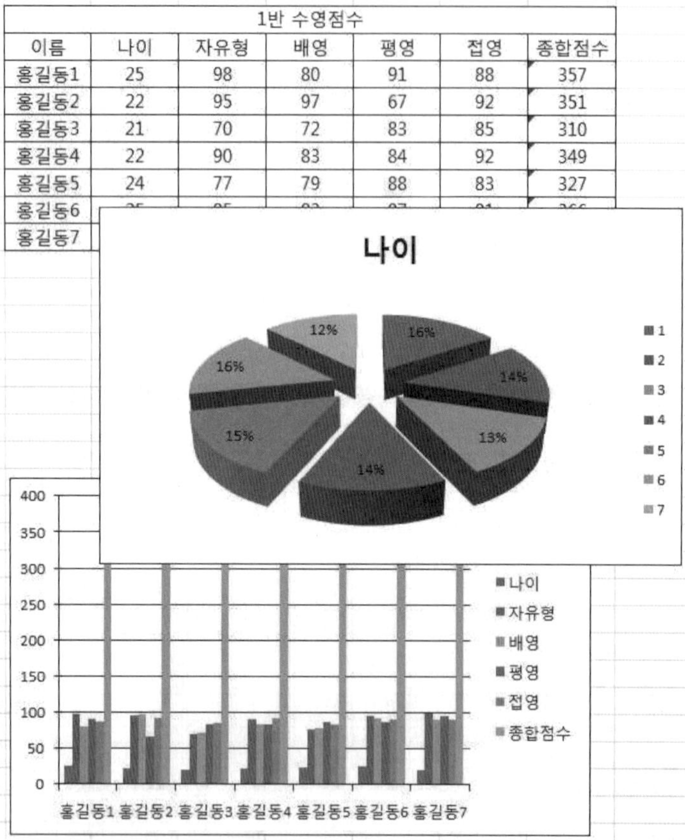

1반 수영점수						
이름	나이	자유형	배영	평영	접영	종합점수
홍길동1	25	98	80	91	88	357
홍길동2	22	95	97	67	92	351
홍길동3	21	70	72	83	85	310
홍길동4	22	90	83	84	92	349
홍길동5	24	77	79	88	83	327
홍길동6						
홍길동7						

5. 평가

1) 엑셀의 도움말 기능을 활용하는 방법을 설명하시오.

2) 워크시트에서 [이름 바꾸기] 방법을 설명하시오.

3) 엑셀에서 [채우기 핸들러] 기능을 간단히 설명하시오.

4) 엑셀에서 [데이터 필터링] 기능을 간단히 설명하시오.

5) 엑셀에서 수영 자료를 이용하여 세로막대형 그래프 그리기 기능을 설명하시오.

국 가 기 술 자 격 검 정
0000년 컴퓨터 활용능력 필기시험 예제
대한상공회의소

1. 다음 중 입력한 데이터에 지정된 표시형식에 따른 결과가 옳은 것은?

① 입력자료 : 24678
표시형식 : #.##
결　　과 : 24678

② 입력자료 : 2005-04-05
표시형식 : mm-dd
결　　과 : Apr-04

③ 입력자료 : 14500
표시형식 : [DBNum2]G/표준
결　과 : 壹萬四阡伍百

④ 입력자료 : 0.457
표시형식 : 0%
결　과 : 45.7%

2. 다음의 그림과 같이 A1:B3 셀에 영역을 설정한 상태에서 [Ctrl]+[;] 누른 후 [Enter] 키를 눌렀을 때 나타나는 결과로 올바른 것은?

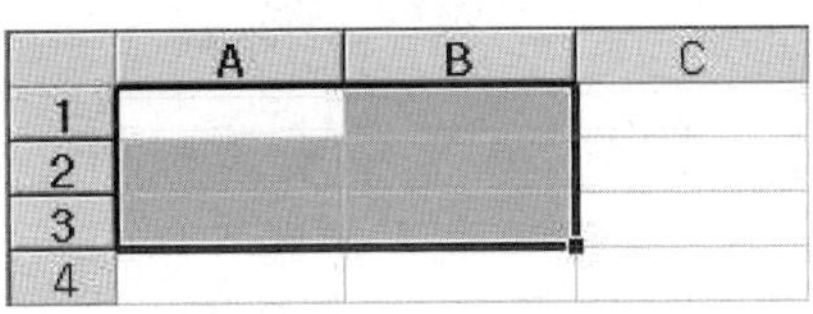

① A1:B3 셀 영역에 " ; "로 채워진다.
② A1 셀에 현재 날짜가 표시된다.
③ 선택 영역이 해제되면서 셀 포인터가 A1 셀 위치하게 된다.
④ A1:B3 셀 영역에 시간을 표시하는 셀 서식이 지정된

3. 다음 중 차트에 대한 설명이 틀린 것은?

① 전체데이터 계열을 선택해서 데이터의 값을 표시할 수 있으나 하나의 데이터 계열에는 데이터 값을 표시 할 수 없다.

② 차트에 포함되어 있는 문자열 데이터의 글꼴은 수정할 수 있다.

③ 그림 영역의 테두리에 서식을 설정하거나 그림 영역의 배경으로 색상이나 채우기 효과를 설정할 수 있다.

④ 차트를 작성한 후 데이터 범위를 변경하려면 차트를 선택한 후 메뉴에서 [차트]→[원본 데이터]를 선택하면 된다.

4. 다음과 같이 [C2] 셀의 값이 나오도록 인상 전 가격에 대하여 인상율을 적용하여 수식을 구하고 채우기 핸들을 이용하여 [C4] 셀까지 드래그하려 한다. [C2] 셀에 알맞은 수식은 다음 중 어느 것인가?

	A	B	C
1	상품	인상 전 가격	인상 후 가격
2	TV	500,000	550,000
3	VTR	450,000	
4	Computer	1,500,000	
5			
6	인상율	10%	
7			

① =B2+B2*$B6
② =B2+B2*B6$
③ =B2+B2*B6
④ =B2+B2*B6

실습 3.
엑셀 : 산소섭취량 측정 자료

순서	성	연령	몸무게	산소섭취량	운동시간	안정시심박수	운동중심박수	최대심박수
1	1	43	70	55	12	65	165	175
2	1	55	78	46	10	50	165	175
3	1	48	78	55	9	45	180	185
4	1	55	70	39	13	45	168	175
5	1	48	65	50	9	55	186	185
6	2	40	55	46	10	65	186	185
7	2	48	55	46	12	47	162	165
8	2	52	60	46	12	50	168	175
9	2	52	60	50	11	45	165	160
10	2	48	48	50	11	65	168	165

실습 4.

엑셀 실습: 심폐지구력 측정 자료

<table>
<tr><th rowspan="2">번호</th><th rowspan="2">이름</th><th colspan="2">건강 체력</th><th colspan="3">심폐지구력</th></tr>
<tr><th>점수</th><th>등급</th><th>왕복오래달리기</th><th>점수</th><th>등급</th></tr>
<tr><td>1</td><td>A</td><td>90</td><td>1</td><td>90</td><td>20</td><td>1</td></tr>
<tr><td>2</td><td>B</td><td>30</td><td>7</td><td>40</td><td>10</td><td>5</td></tr>
<tr><td>3</td><td>C</td><td>60</td><td>4</td><td>70</td><td>16</td><td>2</td></tr>
<tr><td>4</td><td>D</td><td>60</td><td>4</td><td>80</td><td>18</td><td>1</td></tr>
<tr><td>5</td><td>E</td><td>40</td><td>6</td><td>50</td><td>12</td><td>4</td></tr>
<tr><td>6</td><td>F</td><td>70</td><td>3</td><td>75</td><td>17</td><td>2</td></tr>
<tr><td>7</td><td>G</td><td>80</td><td>2</td><td>85</td><td>19</td><td>1</td></tr>
<tr><td>8</td><td>H</td><td>50</td><td>5</td><td>60</td><td>14</td><td>3</td></tr>
<tr><td>9</td><td>I</td><td>40</td><td>6</td><td>65</td><td>15</td><td>3</td></tr>
<tr><td>10</td><td>J</td><td>40</td><td>6</td><td>65</td><td>15</td><td>3</td></tr>
</table>

실습 5.

엑셀 실습: 수영점수 자료

이름	나이	자유형	배영	평영	접영
A	25	98	80	91	88
B	22	95	97	67	92
C	21	70	72	83	85
D	22	90	83	84	92
E	24	77	79	88	83
F	25	95	93	87	91
G	20	100	91	96	90
H	22	98	79	91	92
I	21	95	93	67	83
J	22	70	91	83	91

10

엑셀 함수 이용하기 (Application of Excel Function)

9장에서 살펴본 엑셀의 기본기능을 바탕으로 엑셀의 기능 중 가장 큰 장점이자 효율적인 기능인 함수를 이용하여 수치를 계산해 보고 몇 가지 유용한 차트를 만들어 보자.

1. 엑셀 함수

수식으로 계산하는 표인 시트에 행과 열의 개념을 더해 최소 단위인 셀들의 내용을 함수로써 자동 계산하는 방식이다. 종류로는 재무, 논리, 텍스트, 날짜 및 시간, 찾기/참조, 수학/삼각, 함수추가에 통계, 공학, 큐브, 정보, 호환성 등이 있다.

1) 엑셀 함수 사용방법

기본적으로 ' =함수 명(인수)' 로 표현하며 직접 셀에 입력하는 방법과 함수삽입을 사용하는 방법이 있다.

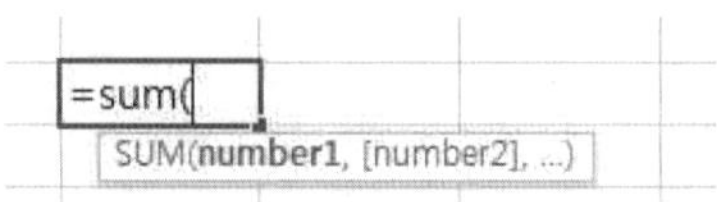

함수삽입은 [수식]도구상자-함수 라이브러리에 있다.

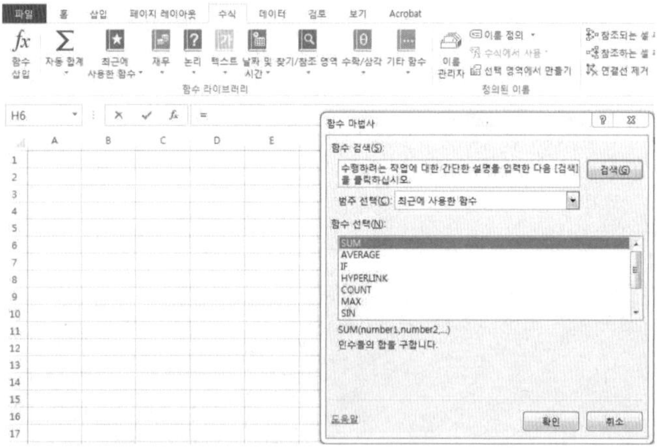

함수 마법사에서 사용하고자 하는 함수를 선택하면 그 함수가 어떤 함수이고 어떤 인수를 선택해야하는지 간단한 설명이 제시되어 있다.

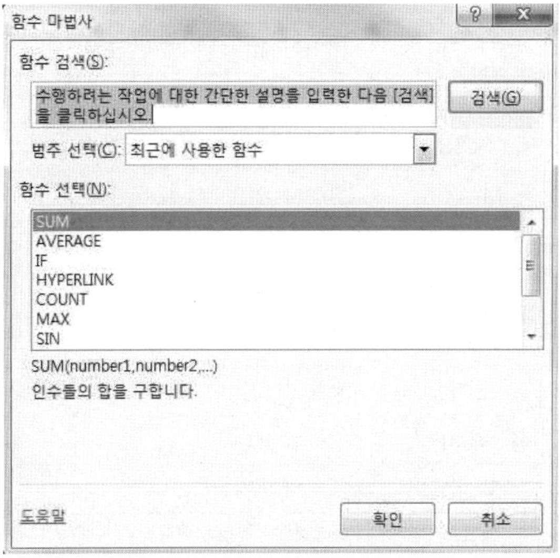

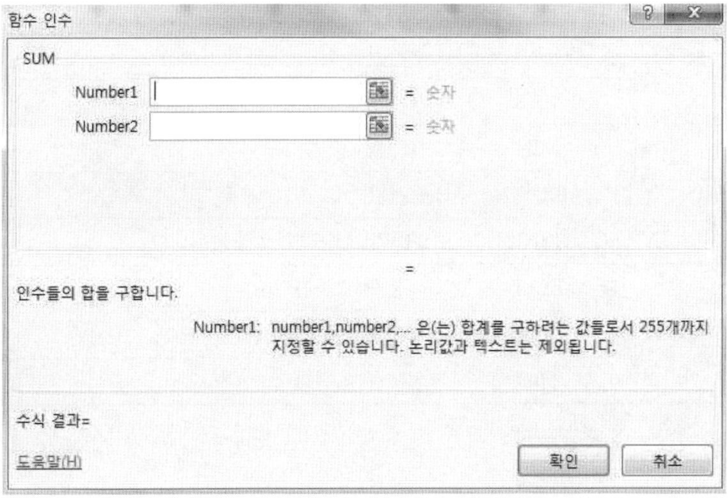

2) 자주 사용하는 엑셀 함수

종류	함수	함수내용
논리	IF	수행할 논리 검사를 지정
	NOT	데이터에 대한 역을 반환
	OR	TRUE인 인수가 있으면 TRUE를 반환
조회	LOOKUP	벡터나 배열에서 값 찾기
	MATCH	참조나 배열에서 값 찾기
	ROW	영역의 행 번호
	ROWS	영역의 행 개수
	VLOOKUP	셀의 값을 구함
수학	SUM	모두 더 함
	SUMIF	지정된 셀의 합
통계	AVERAGE	데이터의 평균
	COUNT	목록에서 숫자의 개수
	COUNTA	값의 개수
	COUNTBLANK	비어 있는 셀의 개수
	COUNTIF	주어진 조건에 맞는 셀의 개수
	MAX	최대값
	MIN	최소값
	MEDIAN	중간값
	RANK	WLWJD한 수의 크기 순위
텍스트	LEFT	가장 왼쪽 문자 반환
	RIGHT	가장 오른쪽 문자 반환
	MID	중간 문자 변환

3) 기본적인 함수 사용법

IF함수▶ IF(logical_test,[value_if_true],[value_if_false])

logical_test의 논리에 부합하는지 못하는지를 구분시켜 반환하는 함수이다.

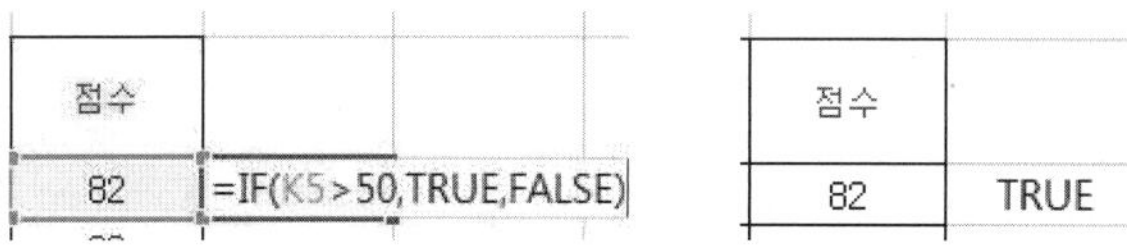

예시에서는 82값이 50보다 큰지 아닌지를 구분시켜주는 것으로 50보다 크므로 TRUE의 값이 나온다.

SUM함수▶ SUM(number1,[number2], ...)

합치고자하는 셀의 값의 합을 나타내준다. 셀의 입력은 번호를 입력하거나 마우스로 끌면 입력이 된다.

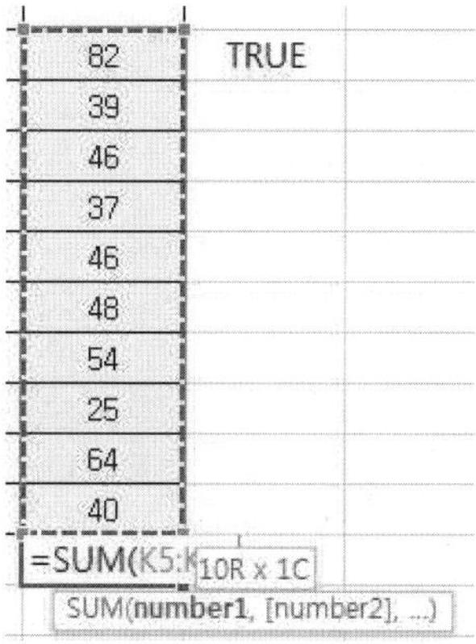

AVERAGE함수▶ AVERAGE(number1,[number2], ...)

평균값을 나타내준다.

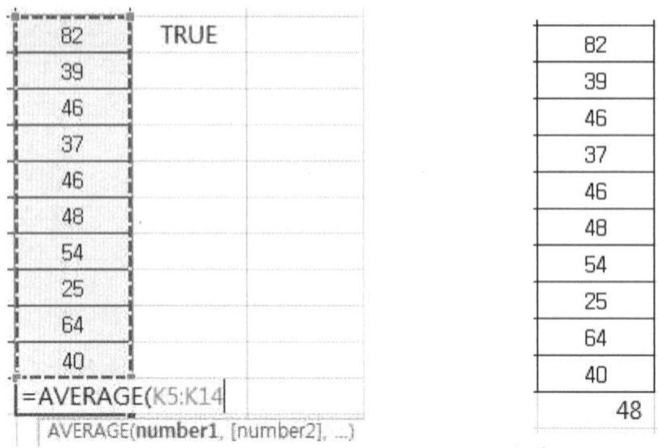

ROWS함수▶ =ROWS(array)

참조 영역의 열 개수를 구한다.

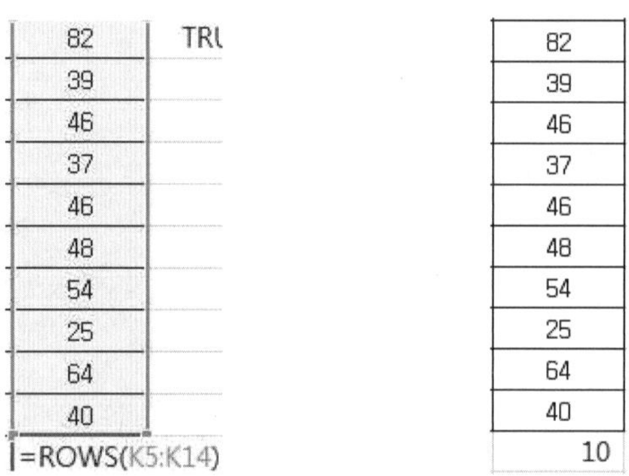

LEFT, RIGHT, MID함수▶

텍스트 함수로써 LEFT는 텍스트 왼쪽부터의 문자를, RIGHT는 오른쪽부터, MID 중간문자 중 원하는 글자만큼 반환시켜 주는 함수이다.

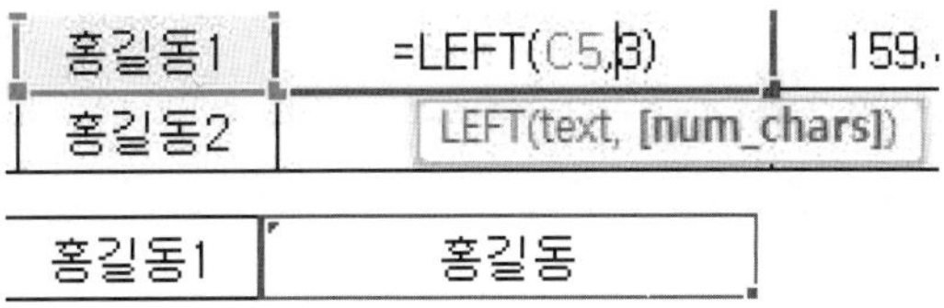

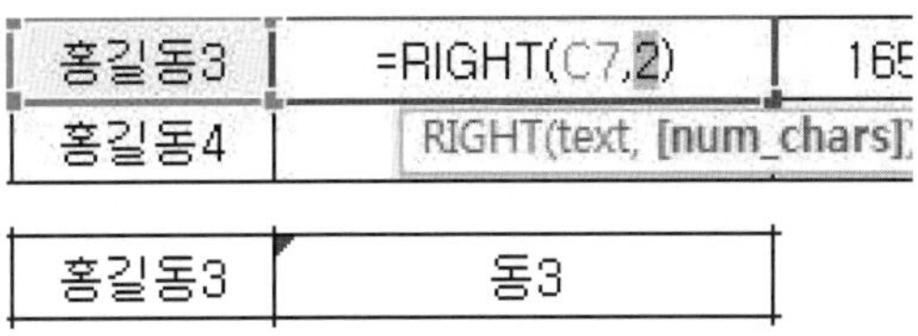

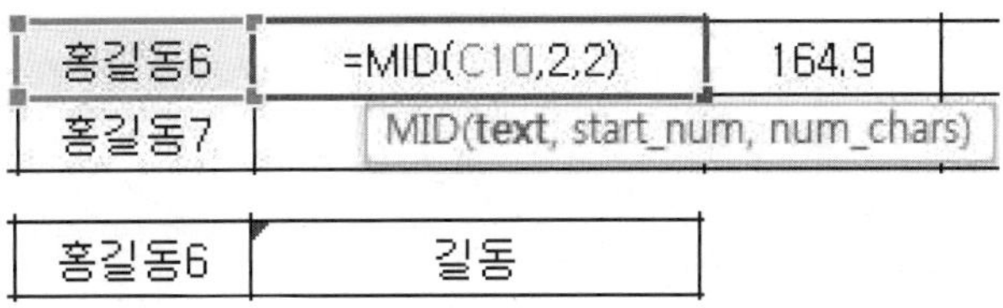

MID함수는 (원하는 셀, 시작번호, 원하는 글자개수)를 뜻한다.

MAX, MIN함수▶ =MAX(인수) , =MIN(인수)

인수 목록에서 최대, 최소값을 구한다.

점수			
82		점수최대값	=MAX(
39		점수최소값	MAX(**number1**, [number2], ...)
46			
37			
46			
48			
54			
25			
64			
40			

점수			
82		점수최대값	82
39		점수최소값	25
46			
37			
46			
48			
54			
25			
64			
40			

2. 엑셀 차트

엑셀은 주로 표를 이용해서 문서를 작성하므로 한글에서 제공하는 차트사용보다 더 많이 사용된다. 원하는 모양을 선택하면 자동으로 차트가 생성되기 때문에 몇 가지 사용방법과 수정방법을 배우면 훌륭한 문서를 만들 수 있다.

1) 차트 생성하기

생성하고자 하는 셀을 선택한 후 [삽입]도구상자의 [추천차트]를 선택하면 [차트 삽입] 창이 뜬다.

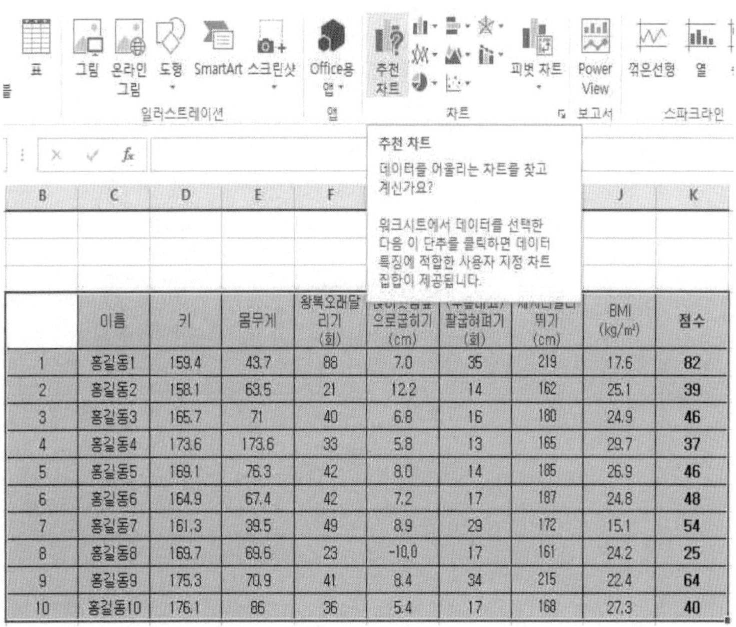

	이름	키	몸무게	왕복오래달리기(회)	으로굽히기(cm)	팔굽혀펴기(회)	뛰기(cm)	BMI (kg/m²)	점수
1	홍길동1	159.4	43.7	88	7.0	35	219	17.6	82
2	홍길동2	158.1	63.5	21	12.2	14	162	25.1	39
3	홍길동3	165.7	71	40	6.8	16	180	24.9	46
4	홍길동4	173.6	173.6	33	5.8	13	165	29.7	37
5	홍길동5	169.1	76.3	42	8.0	14	185	26.9	46
6	홍길동6	164.9	67.4	42	7.2	17	187	24.8	48
7	홍길동7	161.3	39.5	49	8.9	29	172	15.1	54
8	홍길동8	169.7	69.6	23	-10.0	17	161	24.2	25
9	홍길동9	175.3	70.9	41	8.4	34	215	22.4	64
10	홍길동10	176.1	86	36	5.4	17	168	27.3	40

아래 캡쳐 그림과 같이 추천 차트, 모든 차트가 있으며 원하는 모양을 선택하면 자동생성이 된다.

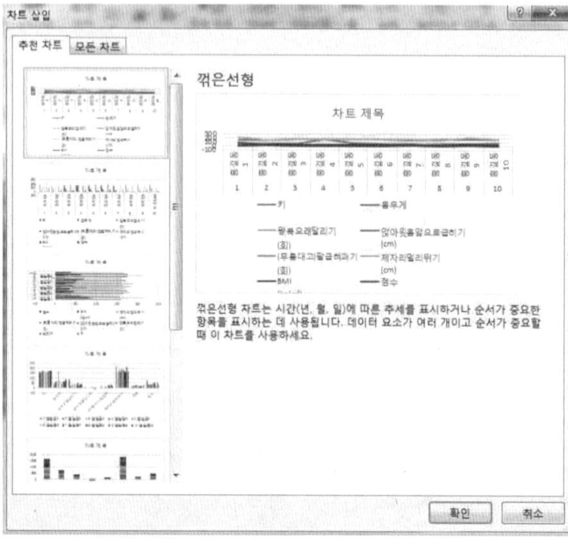

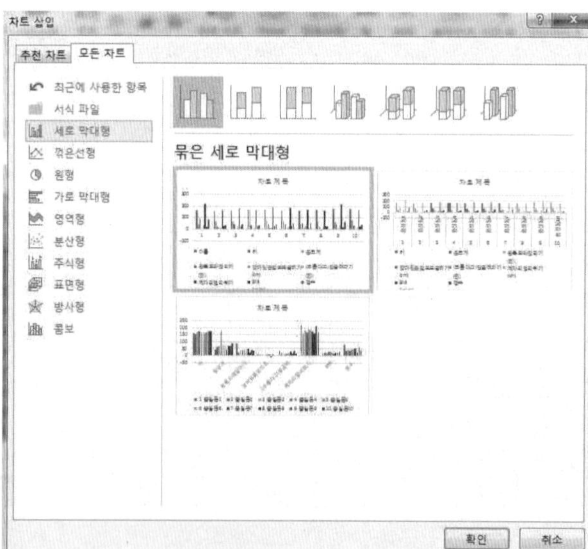

2) 차트 수정하기

원하는 모양을 선택해서 차트 제목, 범주, 색상 등을 수정해보도록 하자.

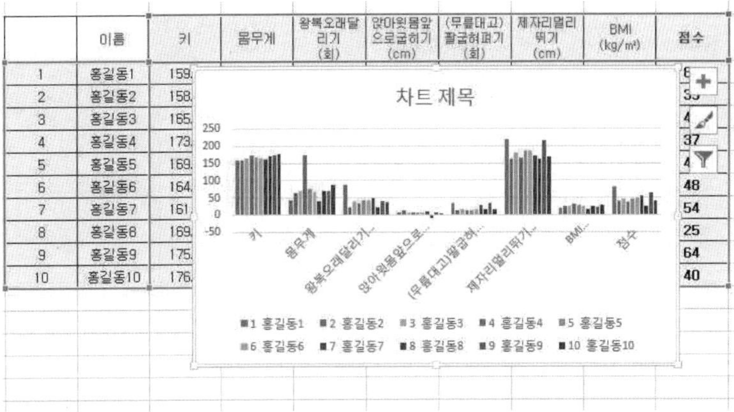

제목이나 범주 등 수정하고자 하는 부분을 더블클릭 혹은 오른쪽마우스-[서식]을 클릭해서 제목을 수정해보자.

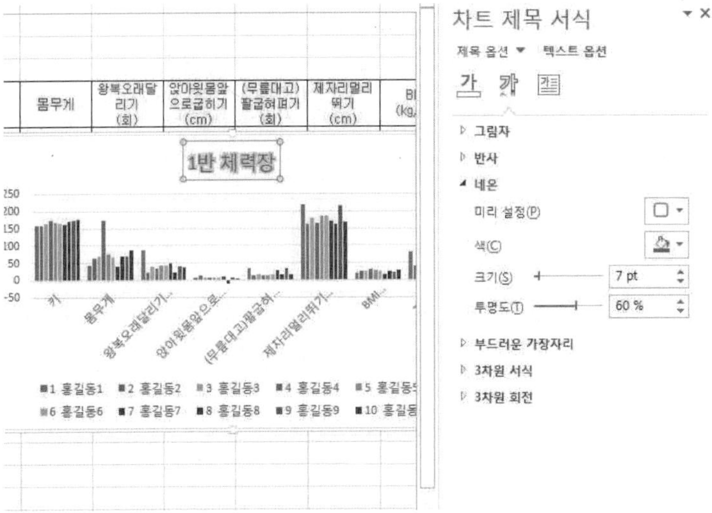

현재 차트에서는 축의 값이 -50부터 250까지 적당하게 값이 지정되어있다. 축 또한 원하는 값으로 수정이 가능하다.

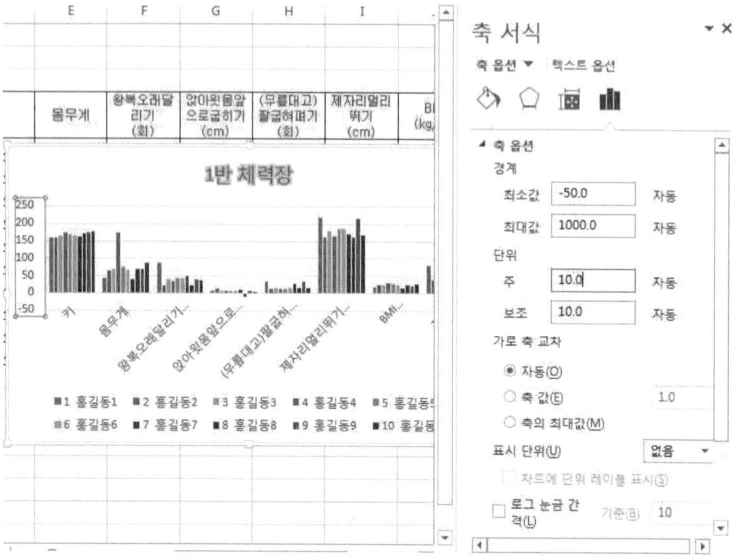

범례의 위치도 변경해보자.

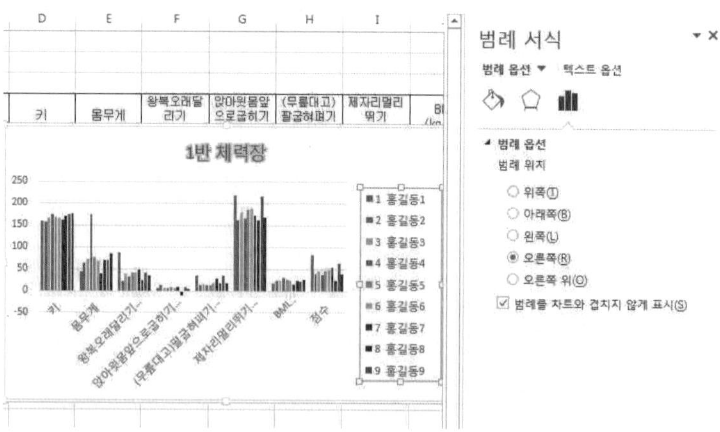

5. 평가

1) 엑셀의 두 가지 함수사용 방법을 쓰시오.

2) 엑셀의 논리함수 종류를 쓰시오.

3) 엑셀의 차트 기능에서 분산형 차트를 그리는 방법을 쓰시오.

4) 엑셀에서 연산자의 종류가 아닌 것은 무엇인가? (   )

① 산술 연산자　　② 문자 연산자

③ 비교 연산자　　④ 함수 연산자

5) 엑셀의 수식 메뉴에 해당되지 않는 것은? (   )

① 재무　② 연산　③ 논리

④ 텍스트　⑤ 수학/삼각

6) 엑셀의 수식 메뉴-함수추가에 해당되지 않는 것은? (   )

① 통계　② 공학　③ 큐브

④ 정보　⑤ 호환성　⑥ 데이터

※ Select (○) or (×) in these question

7) 자동 채우기란 셀에 입력된 내용을 셀 포인터의 '채우기 핸들' 기능을 이용하여 인접한 셀에 복사하는 기능이다. (   )

8) 엑셀에서 홈 메뉴에서 편집 리본의 필터링 기능은 데이터를 정렬하는데 유용하지 않는 기능이다. (   )

9) 엑셀에서는 t-검정이나 F-검정을 할 수 없다. (   )

11

파워포인트 제작하기 (Making of Power Point)

파워포인트는 여러 사람 앞에서
자신의 생각을 발표하거나 공동 작업을
할 때 시각적 보조 자료로 활용할 수 있도록
프레젠테이션을 도와주는 소프트웨어이다.
파워포인트 사용법을 배워 자신만의 발표 자료를
만들어보자.

1. 파워포인트 시작하기 전에

일반적으로 수업에서 가장 많이 사용하는 보조도구는 파워포인트이다. 교수자는 설명을 위해서, 학생들은 발표를 위해서 파워포인트를 사용하는데 이 책에서는 많은 학교에서 아직까지 마이크로소프트 2010을 사용하기 있기 때문에 이 버전을 기준으로 설명한다. 파워포인트는 [시작]-[모든 프로그램]- [파워포인트]를 클릭하여 실행한다.

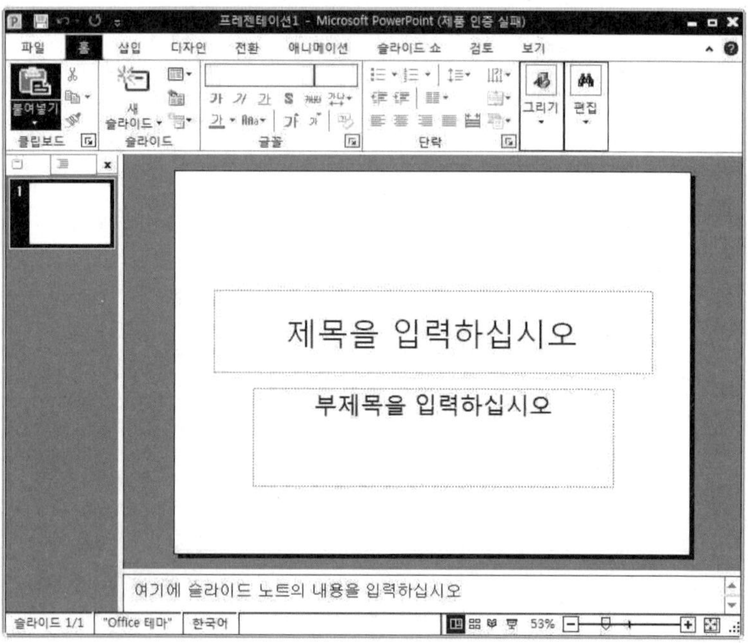

2. 파워포인트 작성하기

파워포인트 제작 할 때 주의할 점은 주제에 흐름에 맞게 구성하기, 주어진 시간 안에 발표 준비하기, 최소한의 슬라이드 수, 친숙한 글꼴 선택과 간결한 문장, 일관성 있는 디자인과 색상 선택 등이다. 파워포인트의 특징은 각종 서식 파일을 제공하고 그림이나 동영상 등 개체를 삽입할 수 있으며 슬라이드 쇼 기능을 사용할 수 있다는 점이다. 파워포인트의 화면구성은 파일, 삽입, 디자인, 전환, 애니메이션, 슬라이드 쇼, 검토, 보기 등으로 구성된다.

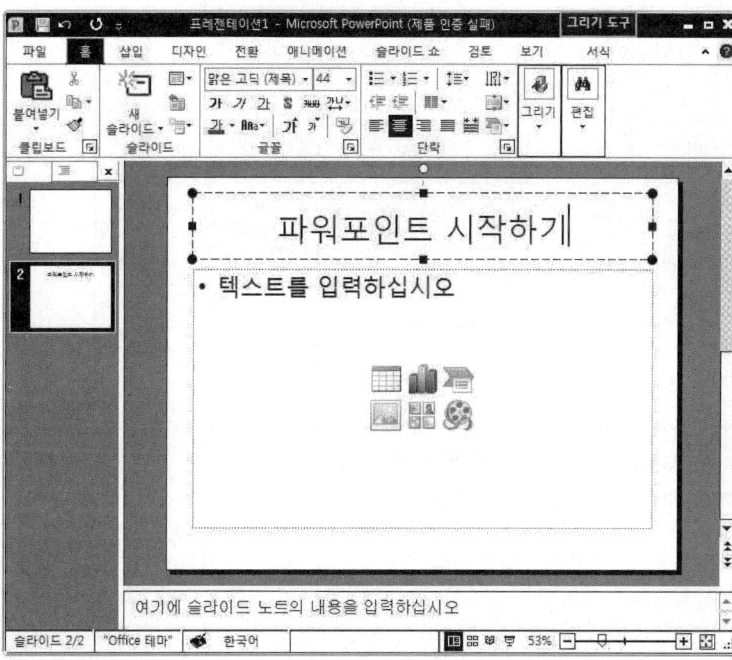

1) 동영상 삽입

슬라이드에 확장자가 wmv, avi, asf, mov, swf 등 대부분 동영상 파일을 삽입할 수 있고 방법은 [삽입]-[미디어]-[비디오파일]을 클릭하면 된다.

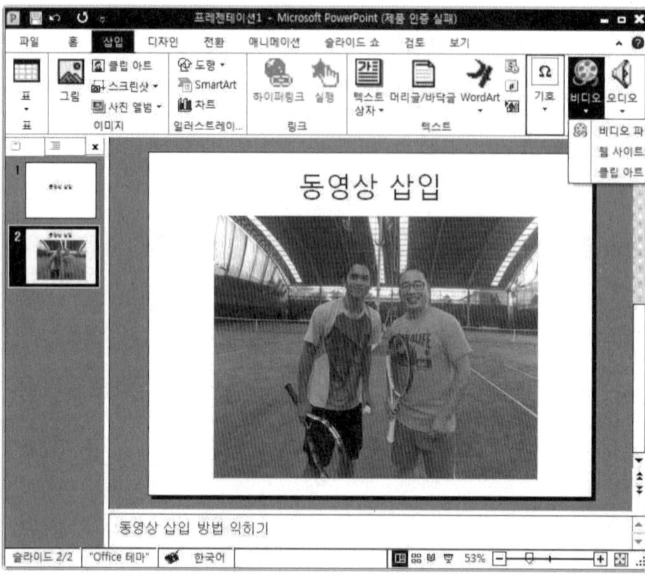

PowerPoint에서는 QuickTime 및 Adobe Flash Player를 설치한 경우 QuickTime (mov,mp4), Adobe Flash(.swf) 파일을 지원한다. PowerPoint 2010에서 Flash를 사용할 때는 그림자, 반사, 네온 효과, 부드러운 가장자리, 입체 효과, 3차원 회전 등과 같은 특수 효과, 페이드 및 트리밍 기능, 그리고 이러한 파일을 공유 및 배포하기 쉽게 압축하는 기능의 사용 제한을 포함한 몇 가지 제한 사항이 있다. PowerPoint 2010에서는 64비트 버전의 QuickTime 또는 Flash를 지원하지 않는다.

2) 동영상 캡처

반디캠(bandicam)은 컴퓨터 화면이나 게임화면, 웹캠 영상 등의 동영상과 이미지를 캡처하는데 효과적인 프로그램으로서 파워포인트 제작에 사용되는 중요한 기술이다. [시작]에서 [반디캠]을 실행하면 화면-게임-장치 모드에서 녹화를 할 수 있다. 특히 반디캠에서는 동영상 녹화 중에 실시간으로 선-박스-형광펜 그리기 등의 기능을 사용할 수 있다.

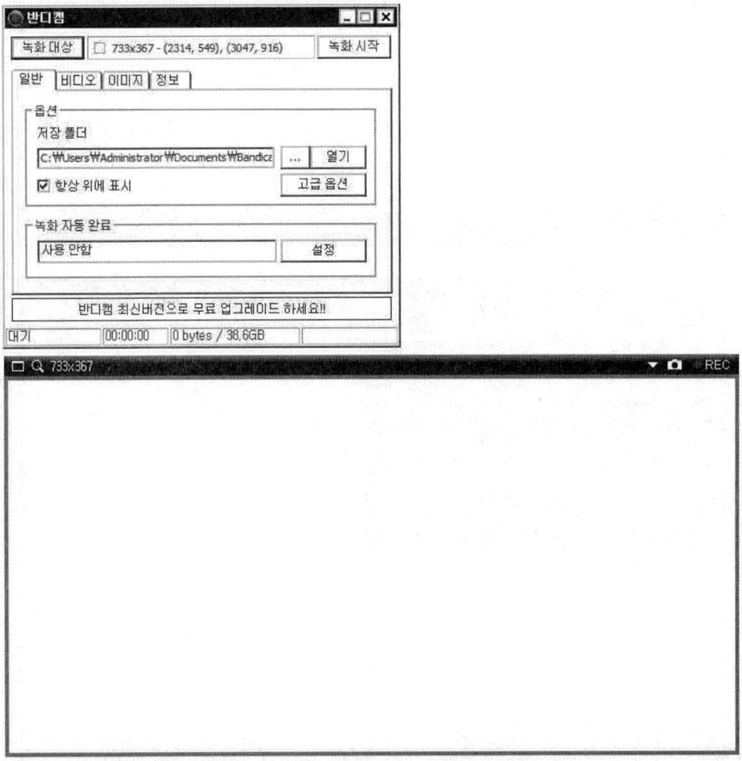

3) 다음 팟인코더를 이용한 동영상 인코딩과 편집

다음(daum0에서 제공하는 팟인코더(pot encoder)는 동영상의 인코딩과 편집에 주로 사용되는 프로그램이다.

5. 평가

1) 파워포인트 제작 시 주의할 점들을 쓰시오.

2) 파워포인트의 특징을 간단히 서술하시오.

3) 파워포인트의 편집창의 주 메뉴를 설명하시오.

4) 파워포인트에 사용되는 동영상을 제작하기 위해서 주로 사용되는 반디캠(bandicam)이라는 프로그램의 사용법을 쓰시오.

6) 파워포인트에 사용하기 위해서 동영상의 파일을 변환하기 위해서 사용되는 다음 팟인코더의 사용법을 서술하시오.

7) 삽입-리본메뉴-일러스트레이션에서 없는 기능은? (　　)

① 그림　② 도형　③ SmartArt　④ 차트

8) 파워포인트에서 지원하는 파일 형식이 아닌 것은? (　　)

① pptx　② ppt　③ pptm　④ pptsx

9) 파워포인트에서 비디오 삽입 시 추천되는 파일 형식은? (　　)

① avi　② mp4　③ mp3　④ wmv

12

프레지 제작하기 (Making of Prezi)

프레지는 프레젠테이션의 앞부분에서
따온 이름으로, 줌 효과로 화면을 전환하는 인터페이스로
유명하다. 전체적인 화면을 보여준 후 줌을 통해 한 화면 씩
소개가 가능하다. 시각적인 효과가 훌륭하기 때문에 발표용으로
사용하기 좋다. 프레지 사용법을 배우고 각자
효과적인 발표자료를 만들어보자.

1. 프레지 시작하기 전에

프레지(Prezi)는 오프라인에서 진행되는 파워포인트를 온라인으로 옮겨 것, 슬라이드가 없어진 진화하는 프레젠테이션, 슬라이드 프로세스 방식이 아닌 디지털 스토리텔링 도구라고 알려져 있다. 프레지는 무제한 호환성, 유비쿼터스 환경, 줌인 기능, 유튜브 활용, 동시적 협업 등이 장점이다.

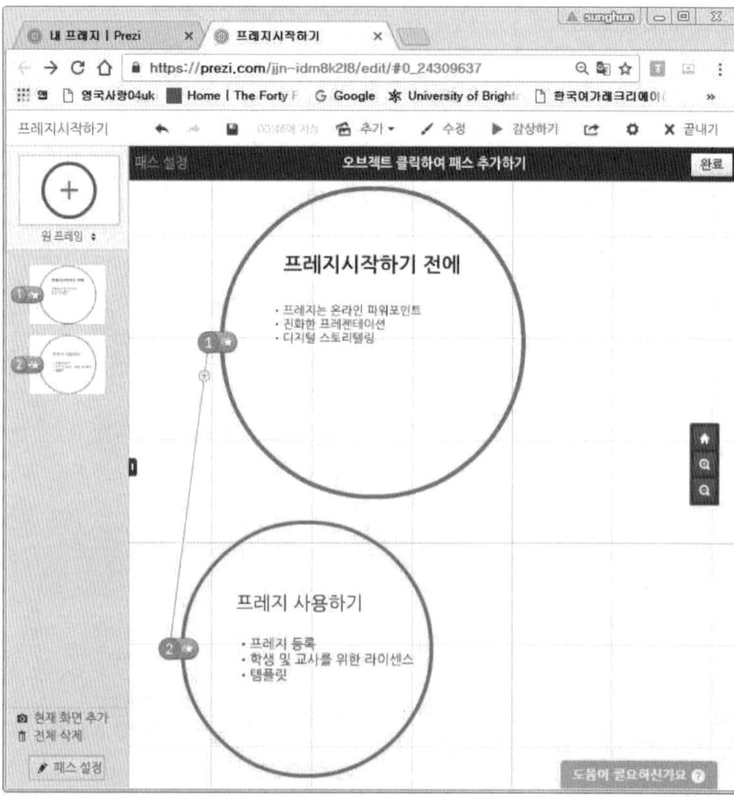

2. 프레지 사용하기

1) 프레지 시작하기

무료 제공은 공개로 설정되어있으며 저장 공간이 100MB이며, ENJOY, PRO, TEAM으로 3가지 종류가 있다. 각자 원하는 프레지를 구입 혹은 무료로 사용해 볼 수 있다.

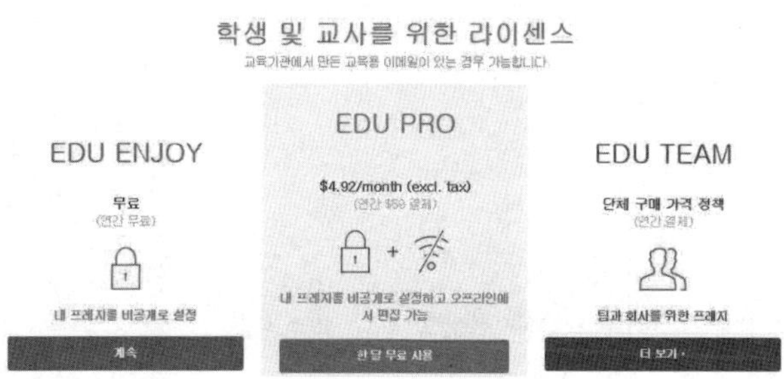

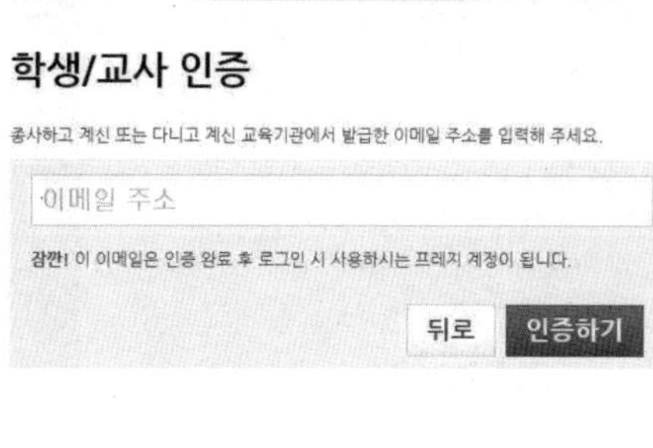

프레지는 무료 체험 종료 5일 전 공지해주고 메일 인증을 받고 나면, 다음과 같은 페이지가 뜬다.

새로운 프레지를 선택해서 원하는 프레지를 선택해보자.

파워포인트는 각각의 슬라이드를 제한된 슬라이드로 볼 수 있는 반면, 프레지는 전체적인 화면을 보여준 후, 줌을 통해 한 화면 씩 소개가 가능하다. 시각적인 효과가 훌륭하기 때문에 발표용으로 사용하기 좋다. 만약 [빈 프레지 시작] 하기를 클릭하면 상단에는 히스토리 기능, 저장하기, 추가, 수정, 감상하기, 나가기, 설정, 끝내기 등의 메뉴가 보이고 하단에는 패스 설정을 확인할 수 있다.

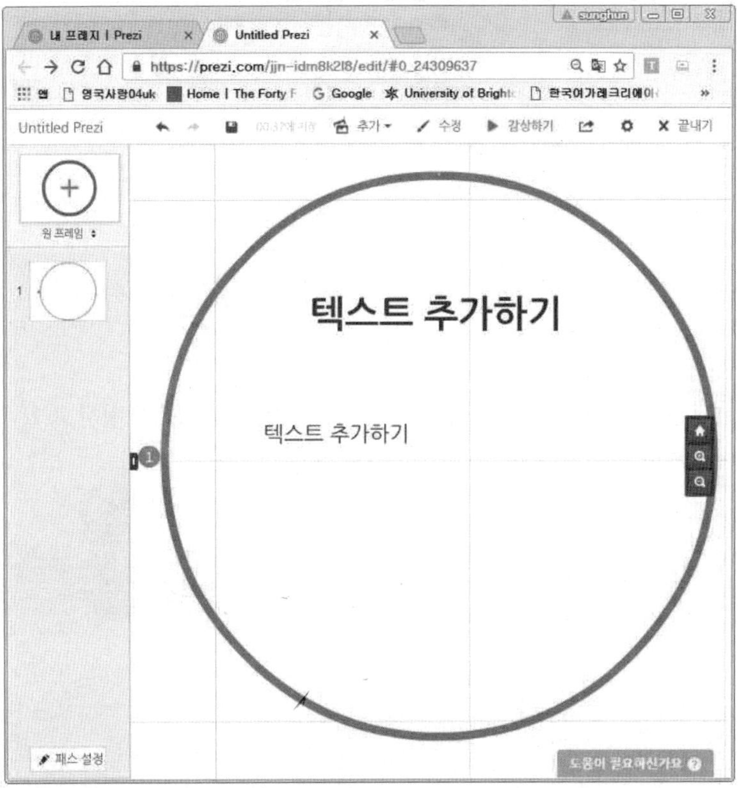

2) 프레지 기능

▶ 추가기능

사진, 도형, 동영상, 선, 음악 등을 추가하고자 할 때 사용하는 기능으로 화면 중앙 상단에 위치한다.

▶ 수정기능

배경 이미지를 원하는 이미지로 변경하거나 테마를 수정하고 할 때 사용하는 기능으로 <추가>기능 오른편에 위치한다.

▶프레임 추가

프레임을 작성하고 싶을 때에 화면 좌측 상단에 [투명 프레임]을 클릭하면 아래의 그림과 같이 프레임을 생성할 수 있다.

생성 후 프레임을 선택하면 뜨는 메뉴를 사용해서 원하는 프레임 모양으로 변경하거나 프레임을 제거할 수 있다.

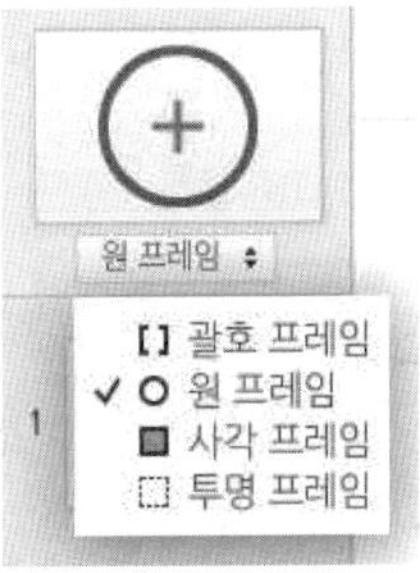

▶ 프레임

프레임을 선택하면 아래 좌측 그림과 같은 아이콘이 생성되며, [+]와 [-]는 크기를 조절하는 아이콘이고, 손바닥모양 아이콘을 선택하고 드래그하면 원하는 위치로 이동할 수 있다.

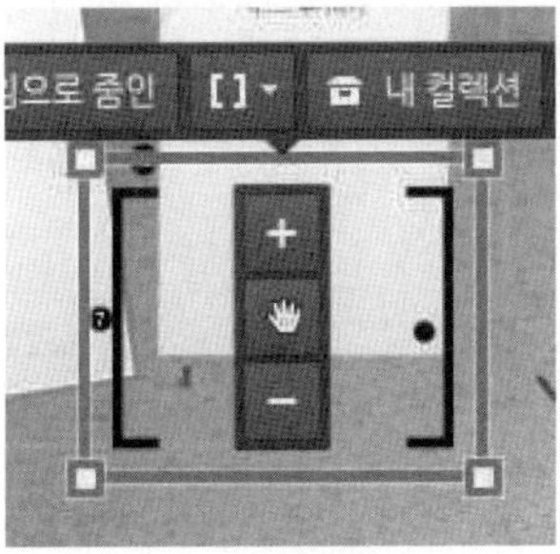

▶ 레이아웃 추가하기

[추가] - [레이아웃]을 선택하여 원하는 프레임 모양을 삽입할 수 있다. 싱글 프레임과 멀티 프레임으로 나뉘며 원하는 모양을 더블클릭하면 된다.

프레임을 추가할 때 마다 번호가 부여된다.

▶ 순서 변경하기

첫 번째, 좌측에 나오는 프레임을 선택하여 아래위로 순서를 조정할 수 있고 두 번째, 아래의 회색 순서 동그라미를 더블클릭하거나 화면 좌측하단에 [패스 설정]로 패스 순서를 변경하거나 추가, 삭제 할 수 있다.

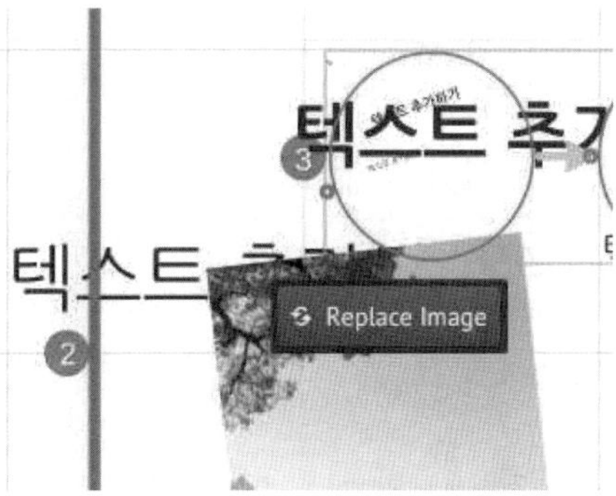

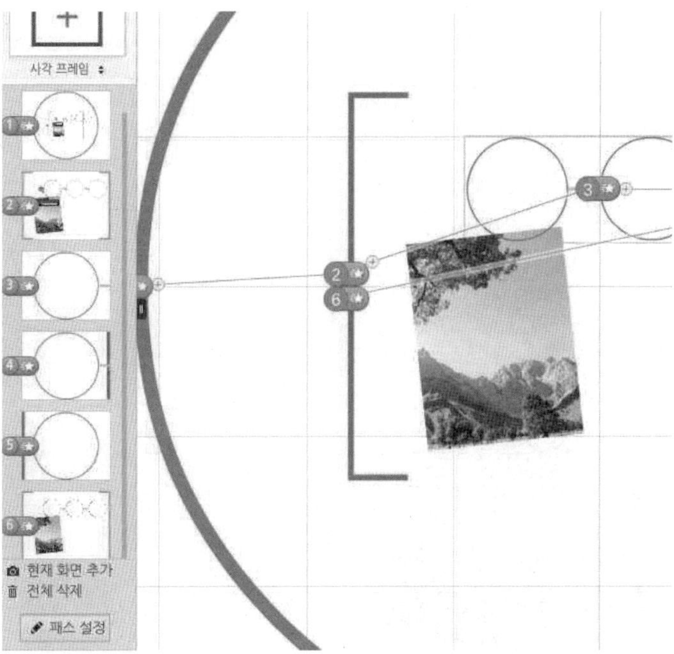

▶ 공유/ 다운로드

화면 상단에 모양은 공유/ 다운로드를 위한 아이콘이다. 원하는 메뉴를 선택하여 공유 및 다운로드를 해보자.

▶ 감상하기

▶ **감상하기** 아이콘은 완성된 프레지를 순서대로 보여주는 기능이다. 전체화면에서 확대 혹은 넘기기 기능을 사용하여 감상(미리보기) 을 해보자.

3. 프레지 작성의 예

My Stories
• MOU
• As a Visiting Professor
• Leisure Program Design
• Leisure Pattern
• Leisure and Life
• Ski & Tennis
• Blended Learning
My Stories

Our City
The members of the G20 are Argentina, Australia, Brazil, Canada, China, France, Germany, India, Indonesia, Italy, Japan, Republic of Korea, Mexico, Russia, Saudi Arabia, South Africa, Turkey, the United Kingdom, the United States and the European Union.
Ulsan City

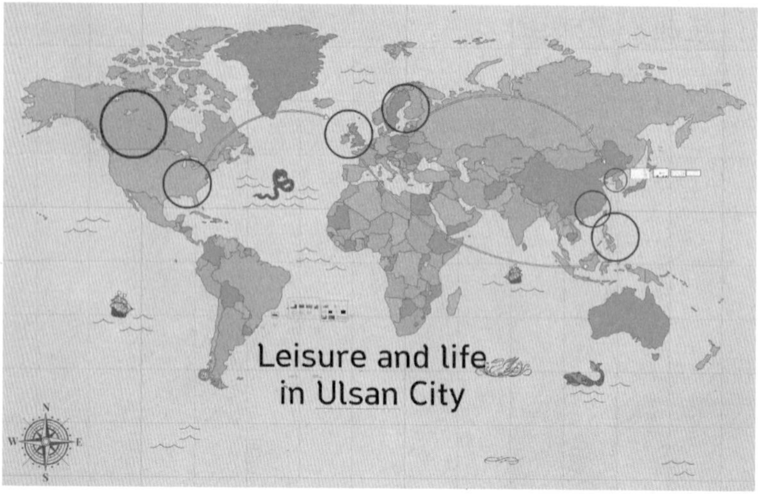
Leisure and life
in Ulsan City
N
W
E
S

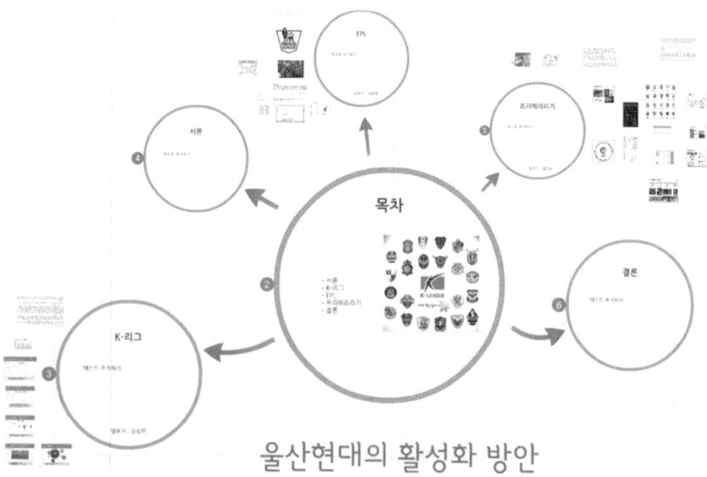
EPL
서론
프리메라리가
목차
결론
K-리그
울산현대의 활성화 방안

발표자 : 김기남
목차
• 서론
• K-리그
• EPL
• 프리메라리가
• 결론
K·LEAGUE

바 다이빙
윤성원
임선오
유장
백광록
심무길

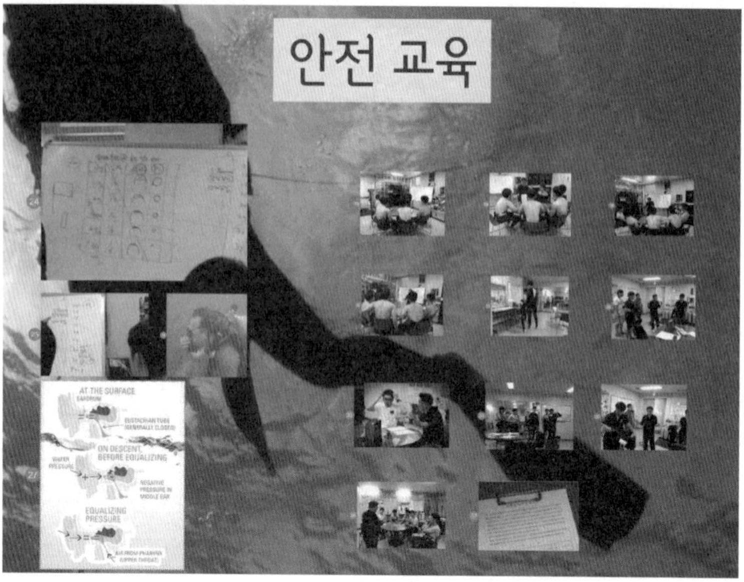
안전 교육
AT THE SURFACE
ON DESCENT,
BEFORE EQUALIZING
EQUALIZING
PRESSURE

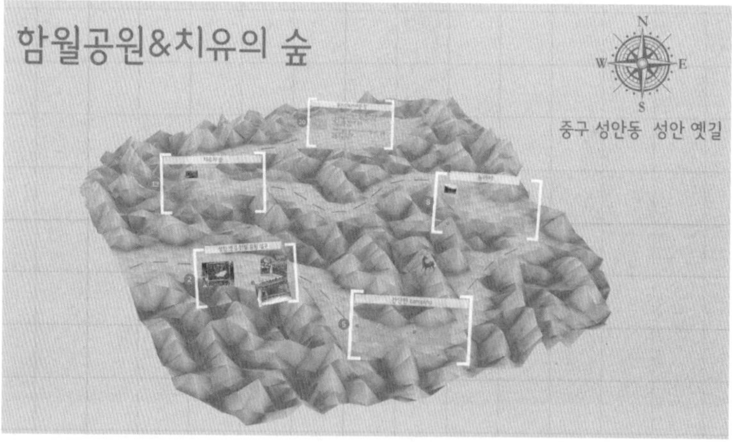
함월공원&치유의 숲
N
W
E
S
중구 성안동 성안 옛길

4. 평가

1) 파워포인트와 프레지의 차이점은 무엇인가?

2) 프레지의 편집기능에 대해서 설명하시오.

3) 프레지의 장점을 설명하시오.

4) 파워포인트와 프레지의 차이점은 무엇인가?

5) 프레지의 편집기능에 대해서 설명하시오.

6) 프레지의 장점을 설명하시오.

13

스포츠 경기 분석하기 (Analysis of Sports Game)

스포츠 영상 분석이란

스포츠 현장에서 기술 훈련이나 연습 또는 실제 시합 장면에서 촬영된 동영상을 바탕으로 컴퓨터와 노트북, 태블릿PC 등에 탑재된 스포츠 영상 분석 프로그램을 사용하여 개인과 단체의 스포츠 기술, 경기력, 팀 전력, 의사소통, 응집력 등을 향상시키기 위하여 실시되는 융복합적인 분석방법이라고 할 수 있다. 여러분은 이 장에서 다양한 영상분석 프로그램을 경험할 수 있을 것이다.

1. 스포츠 영상 분석

스포츠 영상 분석이란 스포츠 현장에서 기술 훈련이나 연습 또는 실제 시합 장면에서 촬영된 동영상을 바탕으로 컴퓨터와 노트북, 태블릿 PC 등에 탑재된 스포츠 영상 분석 프로그램을 사용하여 개인과 단체의 스포츠 기술, 경기력, 팀 전력, 의사소통, 응집력 등을 향상시키기 위하여 실시되는 융복합적인 분석방법이라고 한다. 스포츠 영상 분석은 스포츠 장면의 촬영 과정과 분석 과정으로 구분할 수 있기 때문에 스포츠 정보학의 관점에서 보면 스포츠 정보의 생산과 획득, 분석과 활용 과정에 해당되며 스포츠정보학의 정의에 잘 부합되는 사례 중의 하나라고 할 수 있다.

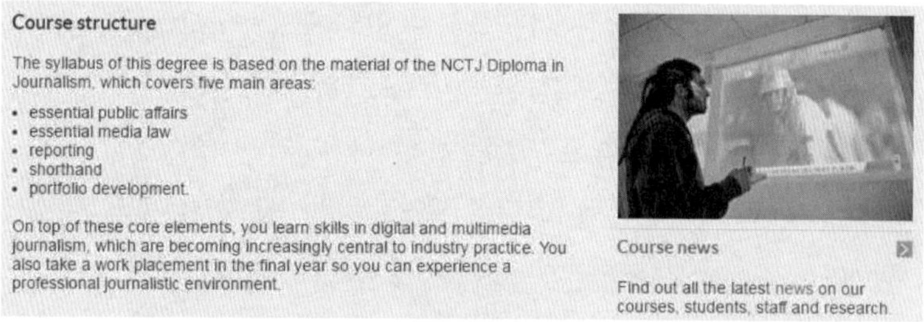

스포츠 영상 분석과 관련하여 명지대학교에서는 스포츠기록 분석 연구센터를 운영하고 있고 영국의 브라이톤 대학의 스포츠저널리즘 학과에서는 수업에서 스포츠 영상 분석을 이용하여 스포츠 기사나 해설을 연습하기도 한다.

2. 스포츠 영상 분석 프로그램

1) 다트피쉬

다트피쉬(Dartfish) 프로그램은 동영상의 캡처와 분석, 공유 등이 가능하다. 다트피쉬 사용자는 자신의 분석 목적에 맞는 프로그램을 사용하여, 목적에 맞게 영상을 캡처할 수 있고, PC는 물론 모바일로 영상을 분석할 수 있다. 다트피쉬 프로그램으로 분석된 자료는 다른 사람들이나 그룹 내의 많은 사람들과 함께 공유가 가능하고 링크 주소를 사용하면 개인 메신저에서도 공유가 가능하다.

다트피쉬 소프트웨어는 2016 브라질 리우올림픽에서도 뛰어난 성과를 입증하였고 다트피쉬가 제공하는 분석 도구들은 개인 종목과 팀 종목 모두 접목시킬 수 있다고 한다. 다트피쉬에서 캡처한 영상들을 그림 도구를 이용해 분석 값들을 입력하고 각도와 거리 측정, 부분 확대 등이 가능하며 지점과 지점사이의 동선 궤적을 파악할 수 도 있다고 한다. 다트피쉬의 가장 큰 특징은 동영상 장면마다 스티커 개념의 태깅(tagging)을 붙여서 거대한 아카이브를 구축할 수 있고 이러한 데이터 라이브러리 속에서 언제 어디서든, 미리 정의 된 태그를 이용해 자신이 원하는 형태로의 분석할 수 있다고 한다.

2) 축구 튜더

축구 튜더(soccer tutor)는 온라인 축구 코치 소프트웨어로서 축구 분석 프로그램이라고 할 수 있다. 여기서 제공하고 있는 기술 매니저(tatics manager) 프로그램은 축구 경기 중에 포지션(position) 별로 움직임을 파악할 수 있고 다양한 공격(attack)이나 수비(defense) 전술(strategy)을 분석할 수 있다. 자세한 사항은 웹 사이트 ‘ http://www.soccertutor.com’ 주소를 참조하기 바란다.

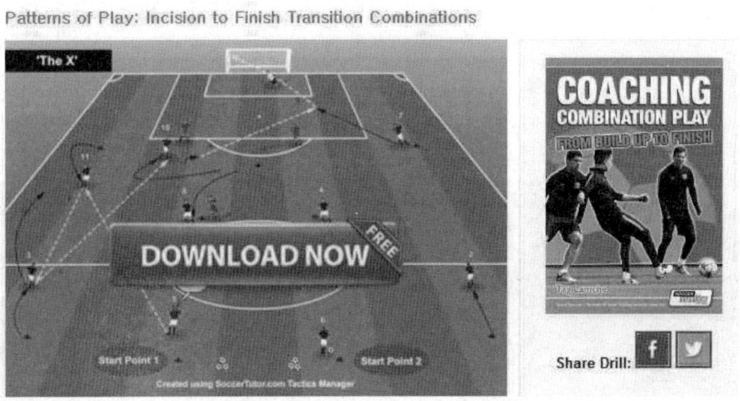

3) 스포앰

스포앰(sporam) 프로그램은 특히 골프의 스윙분석, 코치보조, 1인 훈련, 이미지 트레이닝에 뛰어난 성능을 보인다. 스포앰은 비교분석이 편리한 멀티재생기능을 가지고 있는데 최대 1화면에 4화면까지 동시 또는 개별적 재생과 함께 정밀분석이 가능하고 최상의 화질을 자랑한다. 또한 쉬운 비디오 캡처 기능과 실시간 영상 편집 기능을 갖추고 있고 초당 60 프레임의 실시간 영상 보정 및 정밀분석이 가능하다. 특히 연속된 동작을 한 번에 펼쳐 보임으로써 스윙동작의 전개과정을 쉽고 정밀하게 분석할 수 있으며 2개의 동영상을 파노라마로 볼 수 있다.

3. 스포츠 영상 분석에 필요한 도구

스포츠 영상 분석을 하기 위해서 필요한 도구는 캠코더, 컴퓨터, 이 두 장비를 연결할 수 있는 케이블, 컴퓨터에 설치하여 활용할 수 있는 다트피쉬와 같은 영상분석 전문 소프트웨어가 필요하다. 컴퓨터는 일반 데스크탑, 노트북으로 구분되며, 실내와 같이 고정된 훈련 환경에서라면 성능에서 우수한 데스크탑 컴퓨터를 이용하는 것도 좋지만, 대회나 외부 훈련 등에 따른 이동에서의 편리성, 보관 및 관리를 위해서는 노트북이 용이하다.

- 스포츠 연습장 또는 경기장
- 캠코더
- 컴퓨터 또는 노트북
- 태블릿 PC
- 케이블과 커넥터
- 영상분석 프로그램

캠코더는 삼각대를 이용하여 안정된 환경에서 촬영할 수 있도록 하며, 캠코더 크기에 알맞은 삼각대를 이용해야 한다. 기본 구성품 이외에 필요에 따라 PDP, 빔 프로젝터 등을 추가하면 촬영된 화면들을 보다 크고 정확하게 여러 사람들이 볼 수 있기 때문에 개인, 단체종목 구분 없이 편리하고 효과적인 시스템을 구성할 수 있다.

일본 북쪽 지방에 위치하고 있는 츠쿠바대학교 운동동작 분석실은 세계적으로 유명하다. 여기서는 다양한 스포츠상황에서 발생하는 운동동작을 분석하고 선수들이 최상의 퍼포먼스를 보일 수 있도록 많은 스포츠과학자들이 노력하고 있다. 특히 값비싼 선수들이 운동부상을 당했을 때 재활과 완치뿐만 아니라 더 나은 퍼포먼스를 만들기를 위해서 과학적인 방법이 동원된다.

예를 들면 일본 프로야구 리그에서 꽤 유명한 투수가 경기 중에 팔꿈치 부상으로 마운드를 내려온 경우가 있었는데 부상당한 투수는 팔꿈치 수술 후에 바로 이곳 운동동작 분석실에서 재활에 전념하는 것을 본 적이 있었다.

복근의 근지구력을 측정하는 윗몸일으키기 검사는 허리 부상의 위험이 있고 대퇴부의 근력이 작용하고 있어서 타당성이 떨어진다는 일부 지적이 있기 때문에 엘리트시스템이라고 하는 동작분석 프로그램을 이용해서 컬업(curl-up)을 대안으로 제시하고 있다.

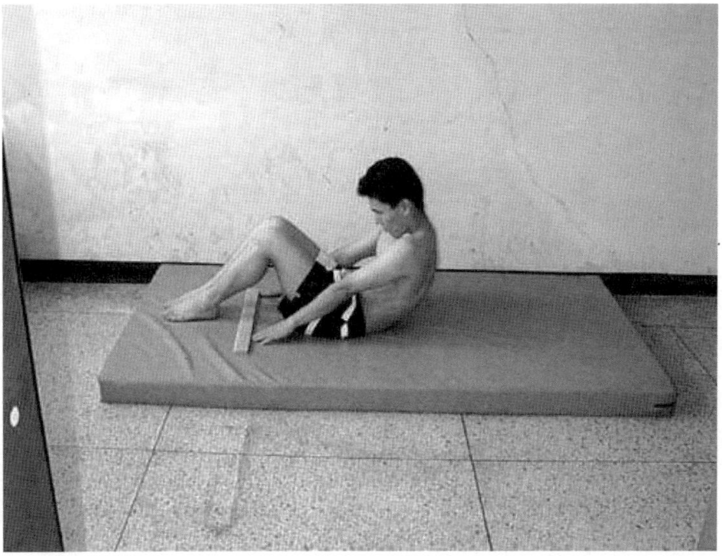

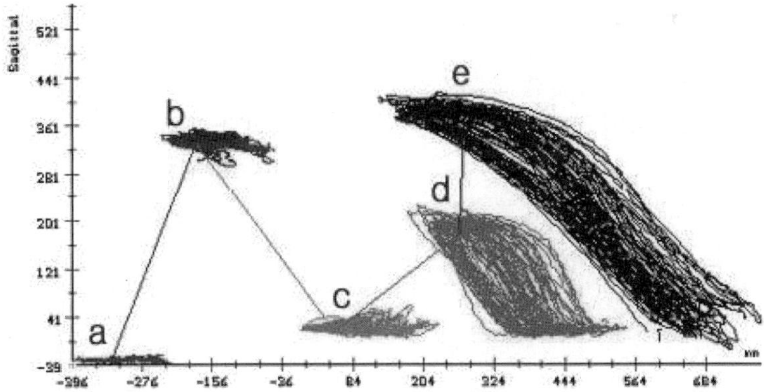

4. 평가

1) 스포츠정보학의 정의에 관점에서 스포츠 영상 분석의 가치를 구체적으로 쓰시오.

2) 스포츠저널리즘 전문가가 스포츠 영상분석을 활용할 수 있는 방법을 서술하시오.

3) 다트피쉬의 장점에 대해서 설명하시오.

4) 축구튜더를 이용하여 경기력 향상 방법을 이야기 해보자.

5) 스포앰의 강점에 대해서 설명하시오.

6) 윗몸일으키기의 엘리트 프로그램의 동작 분석 방법을 쓰시오.

7) 아래 그림과 같은 테니스 동작 분석과 리포트 작성에 필요한 도구와 프로그램 등을 쓰시오.

14

스포츠 통계 프로그램 다루기 (Handling of Sports Statistics Program)

스포츠 통계 분석은 학부과정에서 체육측정 및 평가나 체육학 연구법, 대학원에서 졸업을 위한 논문 작성이나 연구논문 쓰기와 관련이 있다. 여러분은 SPSS 통계프로그램이나, SAS, 미니탭(Mini Tab), 마이크로소프트사의 엑셀 등의 통계 분석 프로그램을 이용하여 간단한 통계 분석을 해볼 것이다.

1. 스포츠 통계 분석

스포츠 통계 분석은 학부과정에서 체육측정 및 평가나 체육학 연구법, 대학원에서 졸업을 위한 논문 작성이나 연구논문 쓰기와 관련이 있다. 예를 들면, 12주간 플라이오메트릭 트레이닝(plyometric training)과 웨이트 트레이닝(weight training)을 비교·분석하는 실험에서 SPSS 통계프로그램을 활용할 수 있다. 주로 사용되는 스포츠 통계프로그램은 IBM SPSS와 SAS, 미니탭(Mini Tab), 마이크로소프트사의 엑셀에 포함되어 있는 통계분석 툴(tool) 등이다.

실험 세부계획수립

↓

피험자 선정
U광역시 내 소재, S태권도 내 5, 6학년 남학생 30명

↓

사전 검사
심폐지구력, 근력, 근지구력, 순발력, 민첩성, 유연성

↓

실험 집단 1(10명)	실험 집단 2(10명)	비교 집단(10명)
태권도 수련 + 플라이오메트릭 트레이닝 (plyometric training)	태권도 수련 + 웨이트 트레이닝 (weight training)	태권도 수련
12주		

↓

사후 검사
심폐지구력, 근력, 근지구력, 순발력, 민첩성, 유연성

↓

자료 처리
SPSS 14.0, two-way repeated ANOVA, $p<.05$

2. IBM SPSS

SPSS는 Statistical Package for the Social Sciences의 첫 글자를 따서 만들어졌으며, SPSS는 1968년 처음 개발되어 SPSS 회사가 2009년까지 개발해오다 IBM에 흡수되어 현재 IBM이라는 회사에서 판매하고 있다. SPSS에는 Data Editor 창, Output SPSS Viewer 창, SPSS Syntax Editor 창 등 모두 3개의 창으로 구성되어 있다.

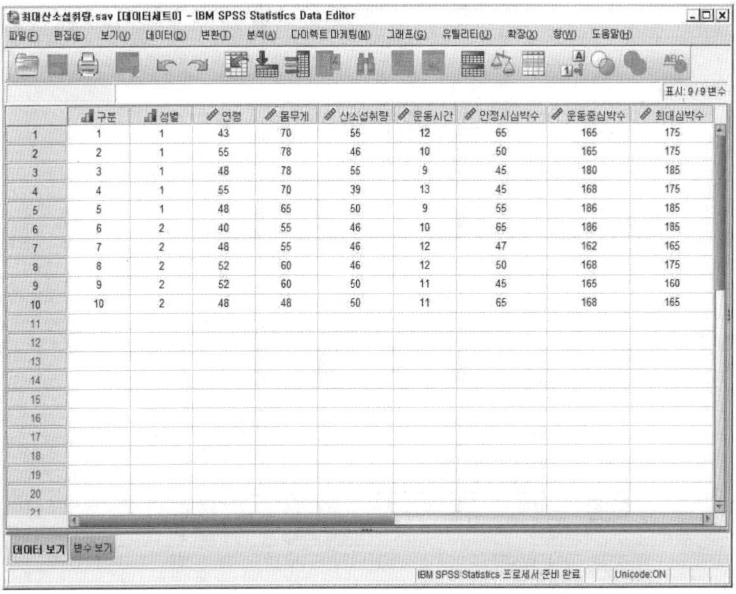

	구분	성별	연령	몸무게	산소섭취량	운동시간	안정시심박수	운동중심박수	최대심박수
1	1	1	43	70	55	12	65	165	175
2	2	1	55	78	46	10	50	165	175
3	3	1	48	78	55	9	45	180	185
4	4	1	55	70	39	13	45	168	175
5	5	1	48	65	50	9	55	186	185
6	6	2	40	55	46	10	65	186	185
7	7	2	48	55	46	12	47	162	165
8	8	2	52	60	46	12	50	168	175
9	9	2	52	60	50	11	45	165	160
10	10	2	48	48	50	11	65	168	165

Data Editor 창은 SPSS 사용자가 분석하려는 자료를 보여주는 창으로서 새로운 데이터 파일의 생성하거나 수정, 삭제 또는 추가할 수 있다.

다음은 '건강체력평가'에서부터 SPSS 활용을 어떻게 하는지 설명하는 것이다. 스포츠정보학의 개념에 비추어본다면 건강체력평가 과정은 정보의 획득 과정이며 SPSS 활용 과정은 정보 처리 과정이라고 할 수 있다. 건강체력평가의 항목은 체중, 신장, 혈압, 신체조성, 유연성, 근지구력, 심폐지구력 등이다.

건강체력평가

종목 : ________ 성명 : ________ 성별 : 남 여

1차 측정	2차 측정

1. 체 중

1차 측정	2차 측정
______ kg	______ kg
______ lbs	______ lbs

* 체중(kg) ÷ 0.453 = 체중(lbs)

2. 신 장

1차 측정	2차 측정
______ cm	______ cm

3. 혈 압

1차 측정	2차 측정
수축기 : ______ mmHg	수축기 : ______ mmHg
이완기 : ______ mmHg	이완기 : ______ mmHg

1차판정	구 분	수축기	이완기	2차판정
____	정상	130 미만	85 미만	____
____	정상 (높음)	130 ~ 139	85 ~ 89	____
	고혈압			
____	1단계 (약함)	140 ~ 159	90 ~ 99	____
____	2단계 (중간)	160 ~ 179	100 ~ 109	____
____	3단계 (약간 심함)	180 ~ 209	110 ~ 119	____
____	4단계 (매우 심함)	210 이상	120 이상	____

* 수축기와 이완기 혈압중에서 높은 쪽의 혈압으로 자신의 혈압을 판정함.

사전, 사후 검사를 통해서 운동효과를 측정하거나 신뢰도와 타당도를 측정하기 위해서 측정은 1차 측정과 2차 측정으로 구분하여 실시한다. 물론 신체조성은 보건소나 병원에서 서비스로 제공하는 체성분분석기를 이용해서 1차 데이터를 얻을 수 있다.

1차 측정	2차 측정
4. 신체조성 (체지방률)	별지 1 참조
남 : 가슴 + 복부 + 대퇴 =	남 : 가슴 + 복부 + 대퇴 =
____ + ____ + ____ = ____ mm	____ + ____ + ____ = ____ mm
여 : 삼두 + 옆구리 + 대퇴 =	여 : 삼두 + 옆구리 + 대퇴 =
____ + ____ + ____ = ____ mm	____ + ____ + ____ = ____ mm
체지방률(%) ________	**체지방률(%)** ________
* 평 가	* 평 가
1. 상당히 비만 ________ Obese	1. 상당히 비만 ________ Obese
2. 약간 비만 ________ Fat	2. 약간 비만 ________ Fat
3. 보통 ________ Acceptable	3. 보통 ________ Acceptable
4. 다소 마른편 ________	4. 다소 마른편 ________
5. 마른편 ________ Lean	5. 마른편 ________ Lean
6. 상당히 마른편 ________	6. 상당히 마른편 ________
7. 매우 마른편 ________ Very Lean	7. 매우 마른편 ________ Very Lean
5. 유 연 성	별지 2 참조
앉아서 앞으로 굽히기 점수	앉아서 앞으로 굽히기 점수
1회 ________ cm	1회 ________ cm
2회 ________ cm	2회 ________ cm
* 평 가	* 평 가
1. 아주 나쁨 ________ Poor	1. 아주 나쁨 ________ Poor
2. 나쁨 ________ Below Average	2. 나쁨 ________ Below Average
3. 보통 ________ Average	3. 보통 ________ Average
4. 다소 좋음 ________	4. 다소 좋음 ________
5. 좋음 ________ Above Average	5. 좋음 ________ Above Average
6. 매우 좋음 ________	6. 매우 좋음 ________
7. 지극히 좋음 ________ Excellent	7. 지극히 좋음 ________ Excellent

1차 측정	2차 측정

6. 근지구력 (복부)

별지 3 참조

1차 측정	2차 측정
Canadian 복부 굴·신 검사 반복횟수 : ________ 회	Canadian 복부 굴·신 검사 반복횟수 : ________ 회

* 평 가			* 평 가		
1. 아주 나쁨	________	백분위수 30 미만	1. 아주 나쁨	________	백분위수 30 미만
2. 나쁨	________	백분위수 30~39	2. 나쁨	________	백분위수 30~39
3. 보통	________	백분위수 40~59	3. 보통	________	백분위수 40~59
4. 다소 좋음	________	백분위수 60~69	4. 다소 좋음	________	백분위수 60~69
5. 좋음	________	백분위수 70~79	5. 좋음	________	백분위수 70~79
6. 매우 좋음	________	백분위수 80~89	6. 매우 좋음	________	백분위수 80~89
7. 지극히 좋음	________	백분위수 90 이상	7. 지극히 좋음	________	백분위수 90 이상

7. 심폐지구력

별지 4 참조

1차 측정	2차 측정
YMCA 3분스텝검사 1분간 심박수 ________ 회	YMCA 3분스텝검사 1분간 심박수 ________ 회

* 평 가			* 평 가		
1. 아주 나쁨	________	Poor	1. 아주 나쁨	________	Poor
2. 나쁨	________	Below Average	2. 나쁨	________	Below Average
3. 보통	________	Average	3. 보통	________	Average
4. 다소 좋음	________		4. 다소 좋음	________	
5. 좋음	________	Above Average	5. 좋음	________	Above Average
6. 매우 좋음	________		6. 매우 좋음	________	
7. 지극히 좋음	________	Excellent	7. 지극히 좋음	________	Excellent

건강체력 프로파일

종목 : ____________ 성명 : ____________ 성별 : 남 _____ 여 _____

1차 측정

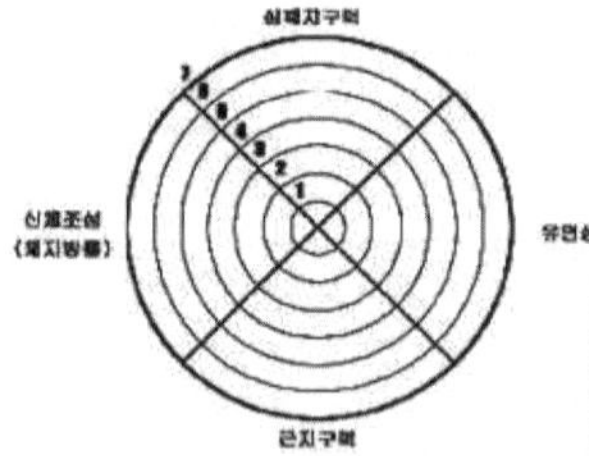

1. 아주 나쁨
2. 나쁨
3. 보통
4. 다소 좋음
5. 좋음
6. 매우 좋음
7. 지극히 좋음

2차 측정

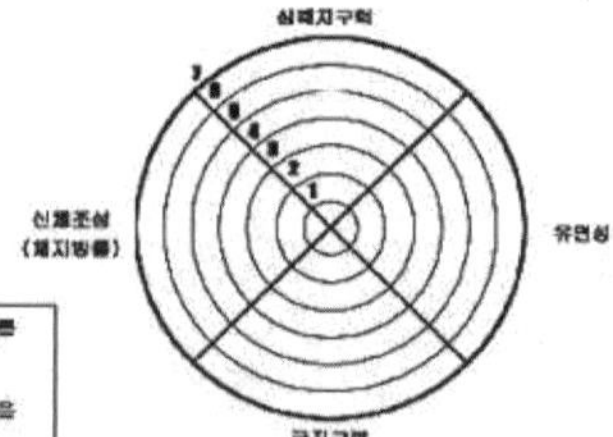

* 프로파일 보는 법
1. 각 체력요인별 평가점수에 해당하는 사분원을 색칠한다.
2. 원의 크기가 클수록 체력수준이 높음을 나타내며, 각 사분원이 서로 대칭과 균형을 이룰수록 체력발달상태가 고름을 나타낸다.
3. 1차 측정과 2차 측정을 비교하면, 체력의 향상여부를 알 수 있다.

SPSS의 [분석]에서 [기술통계량] - [기술통계]를 클릭하면 성별, 연령, 산소섭취량, 운동시간, 안정시심박수, 운동중심박수, 최대심박수 등의 기술통계량을 산출할 수 있다.

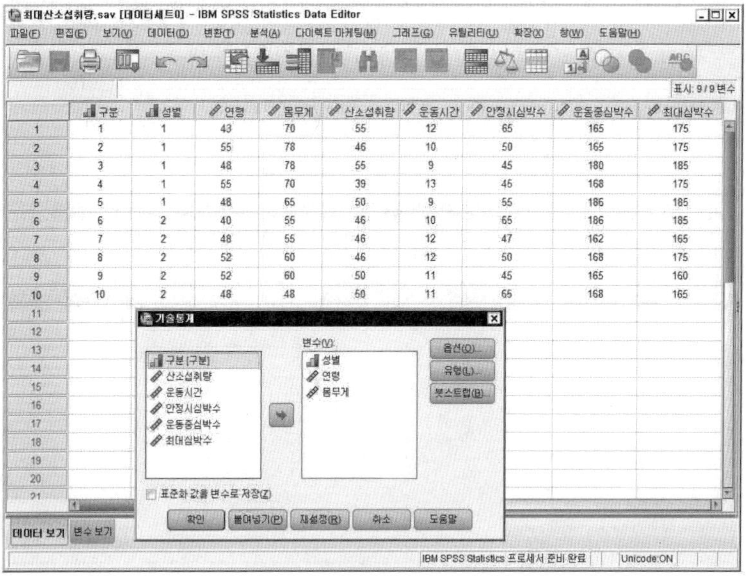

기술통계량							
	N	범위	최소값	최대값	평균	표준편차	분산
성별	10	1	1	2	1.50	.527	.278
연령	10	15	40	55	48.90	4.841	23.433
몸무게	10	30	48	78	63.90	10.082	101.656
산소섭취량	10	16	39	55	48.30	4.785	22.900
운동시간	10	4	9	13	10.90	1.370	1.878
안정시심박수	10	20	45	65	53.20	8.702	75.733
운동중심박수	10	24	162	186	171.30	9.105	82.900

3. 미니탭

위키백과에 의하면 미니탭(Minitab)은 1972년 펜실베이니아 주립대학교에서 개발한 통계 패키지라고 한다. 미니탭의 기본 창은 세션, 워크시트, 기록, 정보, 그래프 등으로 구성되어 있고 프로젝트 매니저는 세션 윈도우 및 워크시트, 그래프를 보다 쉽게 관리해 주는 도구이다(http://www.minitab.co.kr).

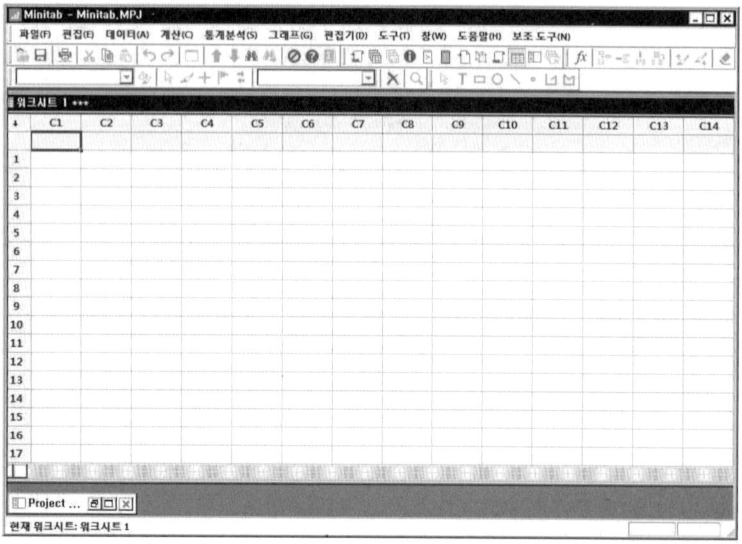

미니탭을 이용하여 데이터의 정렬과 순위, 통계표 만들기, 기초 통계량 구하기, 열과 행의 통계량 계산하기, 탐색적 데이터 분석, 산점도, 파레토 그림, 정규분포 그림과 확률계산 등 다양한 그래프를 그릴 수 있다.

4. 엑셀의 통계분석

마이크로소프트사의 엑셀 프로그램은 통계패키지는 아니지만 [수식]의 [통계]를 이용하여 카이제곱 분석, t-검정, 상관분석, 회귀분석 등의 기본적인 통계분석이 가능하다.

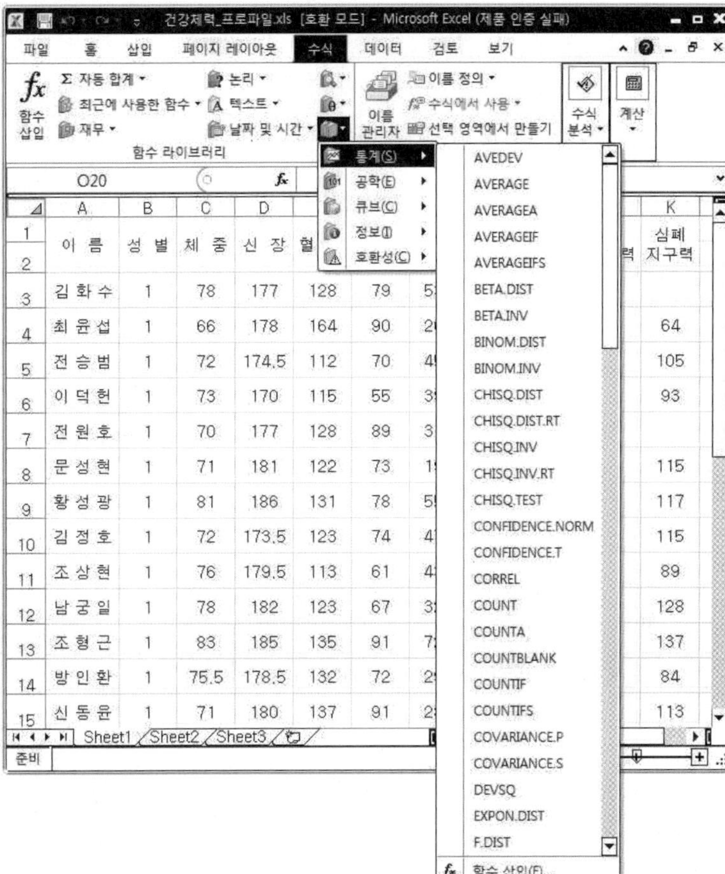

6. 평가

1) 스포츠 통계분석 프로그램을 설명하시오.

2) SPSS에서 건강체력 자료를 활용하여 상관분석 결과를 얻는 과정을 설명하시오.

3) 미니탭을 이용하여 산점도 그래프를 그려보시오.

4) 엑셀에서 건강체력 자료를 활용하여 t-검정을 설명하시오.

5) 엑셀의 통계분석을 이용하여 사전/사후 t-검정을 실시해 보자.

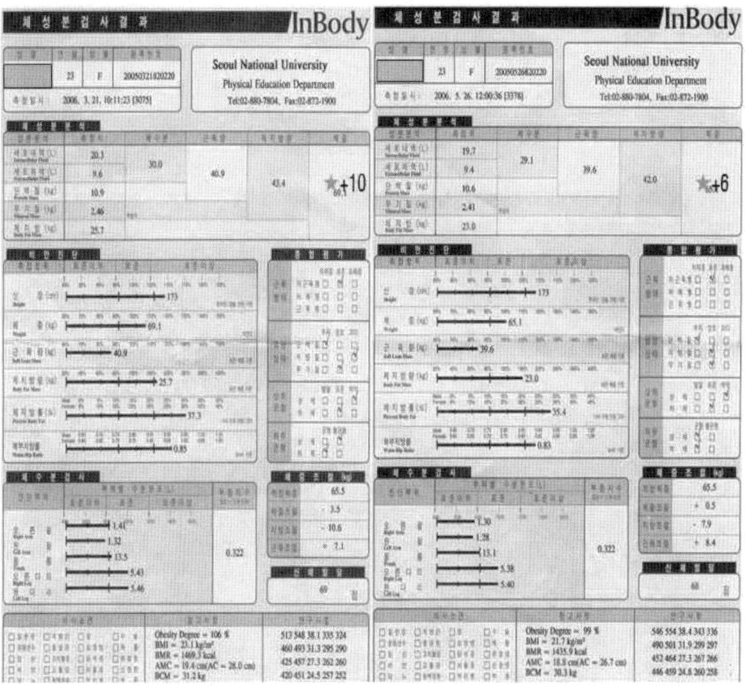

※ 병원이나 보건소, 스포츠센터 등에서 자신의 체성분검사를 1년에 2-3회 또는 월별로 실시해서 건강관련 정보를 생산 및 관리하고 활용하는 것이 좋다.

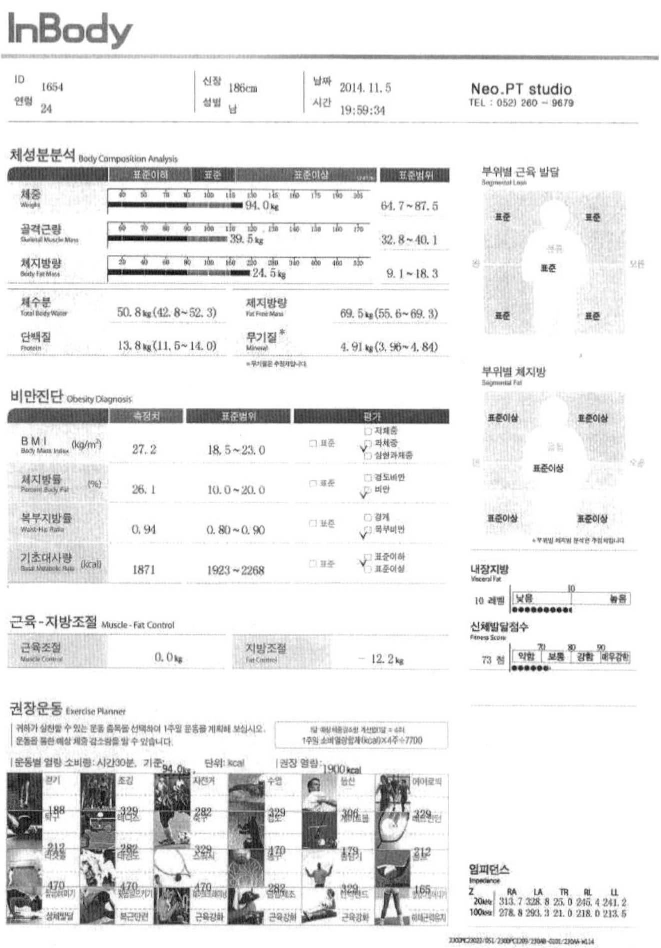

부록 1

사례1. 자기소개서(이력서)만들기

사례2. 경력증명서 만들기

사례3. 인공암벽 리포트 만들기

사례 1. 자기소개서(이력서) 만들기

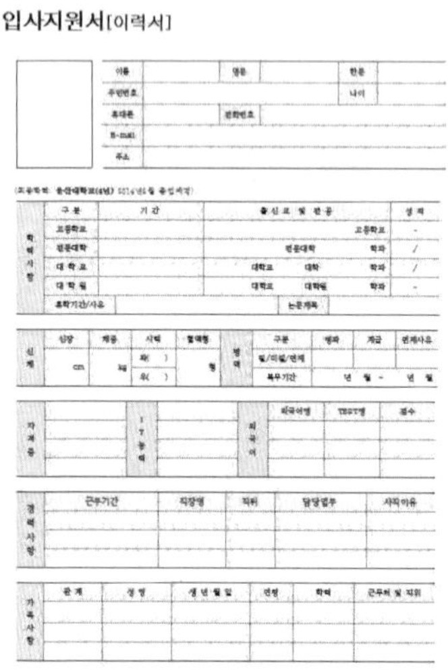

입사지원서[이력서]

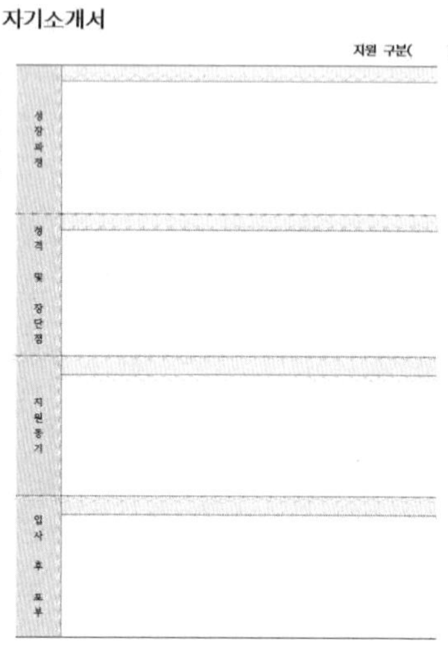

자기소개서

지원 구분(　　)

성장과정	
성격 및 장단점	
지원동기	
입사 후 포부	

인터넷에 '이력서' 또는 '자기소개서' 양식을 검색해보면 다양한 디자인의 문서가 많이 나온다. 하지만, 각자가 원하고 지원하고자 하는 곳에 맞게 작성을 하고자 할 때에는 직접 작성하는 것이 가장 좋다. 스마트 스포츠 정보 처리론 에서 배운 지식을 가지고, 자기소개서를 직접 작성해보자.

1. 용지 설정하기

보통 이력서는 사진 및 내용 적을 공간이 많이 필요하기 때문에 기존 용지 여백보다 여백을 더 좁게 주는 경우가 많다.

[편집 용지] 기능을 사용해서 위 쪽,아래쪽 7.0mm, 머리말, 꼬리말 5.0mm, 왼 쪽,오른쪽 12.7mm로 설정한다.

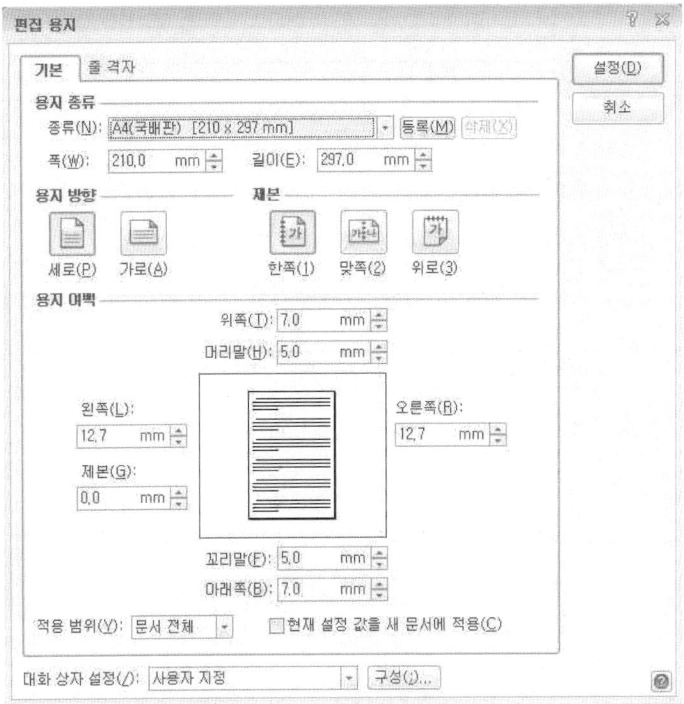

용지를 설정한 후, 첫 줄에 입사지원서[이력서]를 입력하고 <입사지원서 : 글자크기24, [이력서] : 글자크기20, 글자 : 돋움, 글자 진하게, 중앙정렬> 을 하자.

2. 입사지원서 작성하기

1) 사진과 기본정보를 작성할 첫 번째 표를 작성해보도록 하자. 표 5줄 8칸을 입력한 뒤 합치고자 하는 셀을 선택하여 셀 합치기 기능과 크기를 조절해서 다음과 같은 표를 작성할 수 있다.

<table>
<tr><td rowspan="5"></td><td rowspan="5"></td><td></td><td></td><td></td><td></td><td></td><td></td></tr>
<tr><td></td><td colspan="3"></td><td></td><td></td></tr>
<tr><td></td><td></td><td></td><td colspan="3"></td></tr>
<tr><td></td><td colspan="5"></td></tr>
<tr><td></td><td colspan="5"></td></tr>
</table>

2) [셀 테두리/배경]을 사용하여 테두리 및 배경색을 아래와 같이 설정하고 내용을 입력해서 아래와 같이 작성해보자.

내용은<글자 : 함초롬 바탕, 글자크기:9 , 글자 진하게>를 사용했다.

<table>
<tr><td rowspan="5"></td><td>이름</td><td></td><td>영문</td><td></td><td>한문</td><td></td></tr>
<tr><td>주민번호</td><td colspan="3"></td><td>나이</td><td></td></tr>
<tr><td>휴대폰</td><td></td><td>전화번호</td><td colspan="3"></td></tr>
<tr><td>E-mail</td><td colspan="5"></td></tr>
<tr><td>주소</td><td colspan="5"></td></tr>
</table>

3) 위와 같이 [표]와 [셀 테두리/배경]을 사용하여 아래와 같이 입사 지원서[이력서]를 작성해보도록 하자.

입사지원서[이력서]

이름		영문		한문	
주민번호				나이	
휴대폰		전화번호			
E-mail					
주소					

(최종학력: 운산대학교(4년) 2014년2월 졸업예정)

학력사항	구분	기간	출신교 및 전공	성적
	고등학교		고등학교	-
	전문대학		전문대학 학과	/
	대학교		대학교 대학 학과	/
	대학원		대학교 대학원 학과	-
	휴학기간/사유		논문제목	

신체	신장	체중	시력	혈액형	병역	구분	병과	계급	면제사유
	cm	kg	좌( )	형		필/미필/면제			
			우( )			복무기간	년 월 ~ 년 월		

자격증		IT능력		외국어	외국어명	TEST명	점수

경력사항	근무기간	직장명	직위	담당업무	사직이유

가족사항	관계	성명	생년월일	연령	학력	근무처 및 직위

3. 자기소개서 작성하기

자기소개서에는 성장배경, 성격 및 장단점, 지원동기, 입사 후 포부, 활동사항, 직무역량 등 원하는 양식과 원하는 색, 디자인으로 만들어 보자.

자기소개서

지원 구분(   )

성장과정	
성격 및 장단점	
지원동기	
입사 후 포부	

사례 2. 경력증명서 만들기

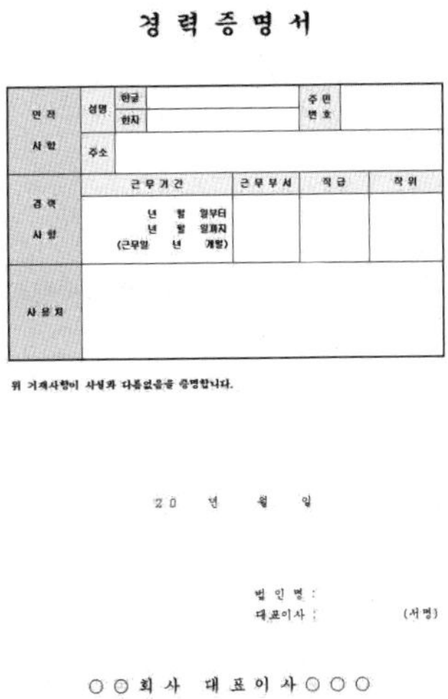

경력증명서

인적 사항	성명	한글		주민 번호	
		한자			
	주소				
경력 사항	근무기간		근무부서	직급	직위
	년 월 일부터 년 월 일까지 (근무일 년 개월)				
사용처					

위 기재사항이 사실과 다름없음을 증명합니다.

20 년 월 일

법인명 :
대표이사 : (서명)

○○회사 대표이사○○○

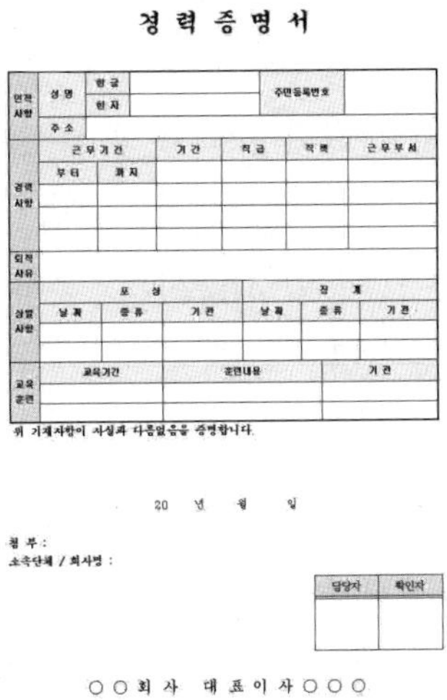

경력증명서

인적 사항	성명	한글		주민등록번호		
		한자				
	주소					
경력 사항	근무기간		기간	직급	직책	근무부서
	부터	까지				
퇴직 사유						

상벌 사항	포상			징계		
	날짜	종류	기관	날짜	종류	기관

교육 훈련	교육기간	훈련내용	기관

위 기재사항이 사실과 다름없음을 증명합니다.

20 년 월 일

첨부 :
소속단체 / 회사명 :

담당자	확인자

○○회사 대표이사○○○

경력증명서는 기업에 재직 중이거나 퇴직한 후, 해당 회사에서 신청인의 경력사항을 증명하여 발급하는 문서이다. 경력은 특정 분야에서 자신의 전문성을 입증할 수 있는 증거자료이므로, 특정 분야에 지원하고자 할 때에 자주 쓰인다.

간단한 증명서부터 여러 가지를 기입할 수 있는 증명서 등 여러 가지 종류가 있으며, 사례2에서는 2가지의 증명서를 작성해보고자 한다.

1. 간단한 경력증명서

인적사항, 경력사항, 사용처만 있는 간단한 경력증명서를 작성해보도록 하자. 작성법은 <사례1. 자기소개서>와 동일하다.

작성할 내용을 생각한 후 줄, 칸의 수를 계산하여 표를 작성하고, 테두리 및 배경을 원하는 디자인으로 작성하면 된다.

먼저, 경력증명서1을 작성해보도록 하겠다.

1) [경력증명서]글씨는 <궁서체, 글자크기 24, 진하게, 중앙정렬>로 한다.

2) 표 6줄×6칸을 삽입하여 아래와 같이 셀 합치기를 한다.

▼

<table>
<tr><td rowspan="3"></td><td rowspan="2"></td><td></td><td></td><td rowspan="2"></td><td rowspan="2"></td></tr>
<tr><td></td><td></td></tr>
<tr><td></td><td colspan="4"></td></tr>
<tr><td rowspan="2"></td><td colspan="2"></td><td></td><td></td><td></td></tr>
<tr><td colspan="2"></td><td></td><td></td><td></td></tr>
<tr><td></td><td colspan="5"></td></tr>
</table>

3) 각 셀의 크기를 조절할 때에는 셀을 선택한 후, [ctrl]과 [shift]키를 사용해서 셀을 조절하여 아래와 같이 작성해 보자.

<table>
<tr><td rowspan="3"></td><td rowspan="2"></td><td></td><td colspan="2"></td><td rowspan="2"></td><td colspan="2" rowspan="2"></td></tr>
<tr><td></td><td colspan="2"></td></tr>
<tr><td></td><td colspan="6"></td></tr>
<tr><td rowspan="2"></td><td colspan="3"></td><td></td><td colspan="2"></td><td></td></tr>
<tr><td colspan="3"></td><td></td><td colspan="2"></td><td></td></tr>
<tr><td></td><td colspan="7"></td></tr>
</table>

4) 각 내용을 입력하고 셀 테두리 및 배경을 지정해보자.

<table>
<tr><td rowspan="3">인 적
사 항</td><td rowspan="2">성명</td><td>한글</td><td colspan="2"></td><td rowspan="2">주 민
번 호</td><td colspan="2" rowspan="2"></td></tr>
<tr><td>한자</td><td colspan="2"></td></tr>
<tr><td>주소</td><td colspan="6"></td></tr>
<tr><td rowspan="2">경 력
사 항</td><td colspan="3">근 무 기 간</td><td>근 무 부 서</td><td colspan="2">직 급</td><td>직 위</td></tr>
<tr><td colspan="3">년 월 일부터
년 월 일까지
(근무일 년 개월)</td><td></td><td colspan="2"></td><td></td></tr>
<tr><td>사 용 처</td><td colspan="7"></td></tr>
</table>

5) 마지막으로 나머지 내용을 입력 및 정렬하면 완성된다.
경력증명서에는 확인 날짜, 회사명, 담당자 및 확인자 서명이 있어야 한다.

경 력 증 명 서

<table>
<tr><td rowspan="3">인 적
사 항</td><td rowspan="2">성명</td><td>한글</td><td colspan="2"></td><td rowspan="2">주 민
번 호</td><td></td></tr>
<tr><td>한자</td><td colspan="2"></td><td></td></tr>
<tr><td>주소</td><td colspan="5"></td></tr>
<tr><td rowspan="2">경 력
사 항</td><td colspan="3">근 무 기 간</td><td>근 무 부 서</td><td>직 급</td><td>직 위</td></tr>
<tr><td colspan="3">년 월 일부터
년 월 일까지
(근무일 년 개월)</td><td></td><td></td><td></td></tr>
<tr><td>사 용 처</td><td colspan="6"></td></tr>
</table>

위 기재사항이 사실과 다름없음을 증명합니다.

20 년 월 일

법 인 명 :
대표이사 : (서명)

○○회사 대표이사○○○

2. 여러 내용을 포함한 경력증명서

경력사항이 많거나, 군 경력, 상별사항을 기록하고자 할 때에는 여러 내용을 포함한 경력증명서를 사용하면 된다.

경력증명서2를 작성해보고 필요한 목록이나 내용을 직접 추가해서 경력증명서를 작성해보도록 하자.

1) [경력증명서]글씨는 <궁서체, 글자크기 24, 진하게, 중앙정렬>로 한다.

2) 표 16줄×16칸을 삽입하여 아래와 같이 셀 합치기를 한다.

<table>
<tr><td rowspan="3"></td><td rowspan="2"></td><td></td><td colspan="2"></td><td rowspan="2"></td><td rowspan="2"></td></tr>
<tr><td></td><td colspan="2"></td></tr>
<tr><td></td><td colspan="5"></td></tr>
<tr><td rowspan="5"></td><td colspan="2"></td><td></td><td></td><td></td><td></td></tr>
<tr><td></td><td></td><td></td><td></td><td></td><td></td></tr>
<tr><td></td><td></td><td></td><td></td><td></td><td></td></tr>
<tr><td></td><td></td><td></td><td></td><td></td><td></td></tr>
<tr><td></td><td></td><td></td><td></td><td></td><td></td></tr>
<tr><td></td><td colspan="6"></td></tr>
<tr><td rowspan="4"></td><td colspan="3"></td><td colspan="3"></td></tr>
<tr><td></td><td></td><td></td><td></td><td></td><td></td></tr>
<tr><td></td><td></td><td></td><td></td><td></td><td></td></tr>
<tr><td></td><td colspan="2"></td><td></td><td></td><td></td></tr>
<tr><td rowspan="3"></td><td colspan="2"></td><td colspan="2"></td><td colspan="2"></td></tr>
<tr><td colspan="2"></td><td colspan="2"></td><td colspan="2"></td></tr>
<tr><td colspan="2"></td><td colspan="2"></td><td colspan="2"></td></tr>
</table>

3) 셀의 크기를 조절할 때에는 셀을 선택한 후, [ctrl]과 [shift]키를 사용해서 셀을 조절하여 아래와 같이 작성해 보자.

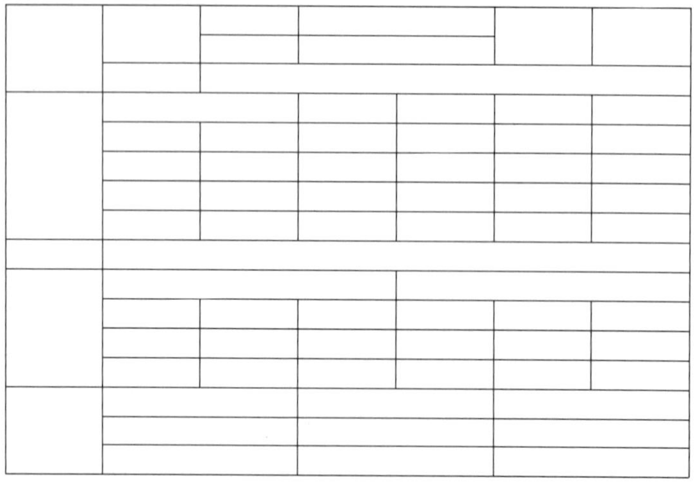

▼

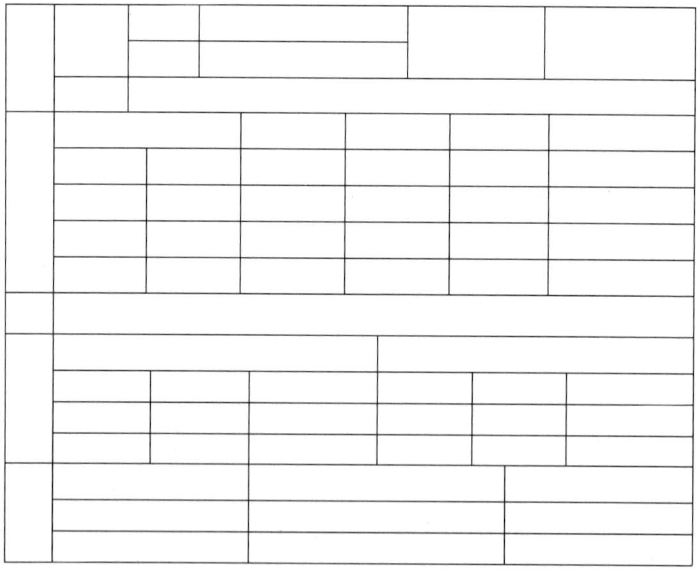

4) 내용을 입력하고 셀 테두리 및 배경을 지정해보자.

<table>
<tr><td rowspan="3">인적
사항</td><td rowspan="2">성 명</td><td>한 글</td><td></td><td rowspan="2">주민등록번호</td><td rowspan="2" colspan="2"></td></tr>
<tr><td>한 자</td><td></td></tr>
<tr><td>주 소</td><td colspan="5"></td></tr>
<tr><td rowspan="5">경력
사항</td><td colspan="2">근 무 기 간</td><td>기 간</td><td>직 급</td><td>직 책</td><td>근 무 부 서</td></tr>
<tr><td>부 터</td><td>까 지</td><td></td><td></td><td></td><td></td></tr>
<tr><td></td><td></td><td></td><td></td><td></td><td></td></tr>
<tr><td></td><td></td><td></td><td></td><td></td><td></td></tr>
<tr><td></td><td></td><td></td><td></td><td></td><td></td></tr>
<tr><td>퇴직
사유</td><td colspan="6"></td></tr>
<tr><td rowspan="4">상벌
사항</td><td colspan="3">포 상</td><td colspan="3">징 계</td></tr>
<tr><td>날 짜</td><td>종 류</td><td>기 관</td><td>날 짜</td><td>종 류</td><td>기 관</td></tr>
<tr><td></td><td></td><td></td><td></td><td></td><td></td></tr>
<tr><td></td><td></td><td></td><td></td><td></td><td></td></tr>
<tr><td rowspan="3">교육
훈련</td><td colspan="2">교육기간</td><td colspan="2">훈련내용</td><td colspan="2">기 관</td></tr>
<tr><td colspan="2"></td><td colspan="2"></td><td colspan="2"></td></tr>
<tr><td colspan="2"></td><td colspan="2"></td><td colspan="2"></td></tr>
</table>

5) 마지막으로 나머지 내용을 입력 및 정렬하면 완성된다.
경력증명서에는 확인 날짜, 회사명, 담당자 및 확인자 서명이 있어야 한다.

경 력 증 명 서

인적사항	성 명	한 글		주민등록번호	
		한 자			
	주 소				

경력사항	근무기간		기 간	직 급	직 책	근 무 부 서
	부 터	까 지				

퇴직사유	

상벌사항	포 상			징 계		
	날 짜	종 류	기 관	날 짜	종 류	기 관

교육훈련	교육기간	훈련내용	기 관

위 기재사항이 사실과 다름없음을 증명합니다.

20 년 월 일

첨 부 :
소속단체 / 회사명 :

담당자	확인자

○ ○ 회 사 대 표 이 사 ○ ○ ○

사례 3. 인공암벽 리포트 만들기

1. 임무

인공암벽등반은 인공 합판이나 벽면 등에 구멍이나 손잡이를 달아 등반을 즐길 수 있는 사계절 스포츠로서 실내에서 할 수 있고 체력단련에도 효과적이다.

1) 체력단련

몸의 전체 근육을 사용하는 클라이밍은 근력과 지구력 상승에 도움이 된다고 한다. 근육의 발달에 도움이 될 뿐만 아니라 신체의 균형과 탄력에도 도움이 되어 남녀 모두에게 도움이 된다.

2) 다이어트

클라이밍은 유산소 운동이다. 칼로리 소모가 높기 때문에 지속적으로 클라이밍을 하게 되면 살이 빠지는 효과를 기대할 수 있다.

3) 스트레스 해소

스포츠 활동을 건강과 다이어트의 효과 외에 취미 생활로 즐기시는 사람이 많다. 이러한 스포츠 활동은 스트레스를 해소하는 데에도 도움이 된다. 또한 집중력이 필요한 스포츠이기 때문에 다른 생각에서 잠시나마 벗어날 수 있는 효과도 있다.

2. 목적

일일 체험을 함으로써 암벽 등반이란 것을 잘 모르는 사람들한테 체험할 수 있는 기회를 제공하고 한 번의 체험으로 암벽등반의 두려움을 없애 흥미를 붙이게 하여 한 달의 회원으로까지 연결되는 효과를 기대한다. 한 달 수강 권을 후회하지 않도록 한번 체험해보고 하는 기회를 제공하는 것이다. 그리고 시간적 여유가 없어서 매번 제시간에 수강하러 할 수 없는 사람들이나 회원이 아닌 한 번씩 하고 싶을 때 하는 진정 여가를 즐기는 사람들을 위한 체험프로그램입니다. 수변공원 안쪽에 자리 잡고 있기 때문에 수변공원에 운동하는 사람들이 부담 없이 체험하고 갈 수 있도록 만든 프로그램이다.

수변 공원에서 인공 암벽 오르기

3. 목표

- 수변공원에서 클라이밍 기회를 제공한다.
- 수변공원 입구에 현수막을 걸어 클라이밍을 홍보한다.
- 암벽 등반하는 곳을 자세하게 알려주는 이정표를 만든다.

수변 공원의 인공 암벽 위치

4. 실행

1) 강의 개설: 암벽등반 일일체험 교실

2) 강사

① 1~2명

② 자격증 취득자

③ 5년 이상 지도경력이 있는 자

3) 일일가격

평일	학생	1000원	AM10:00~PM18:00
	어른	2000원	
주말	학생	1500원	AM10:00~PM16:00
	어른	2500원	

인공암벽 오르기

5. 프로그램 평가

· 만족감	제일위에 터치를 한다면 재미와 만족감을 느낄 수 있는 스포츠다.
· 시설	샤워실과 화장실 등 모든 것이 다 갖추어 있기 때문에 지금시설만으로도 충분하다.
· 발전가능성	클라이밍 자체로는 상승세이지만 수변공원 구석에 있기 때문에 산책을 하는 사람들도 무심코 지나쳐 버리는 경우가 많다. 장소만 많은 사람한테 알리면 충분한 발전가능성이 있다.
· 다양성	엄청 다양하다. 벽에 있는 홀드는 일정하지만 올라 갈 때의 루트를 어떻게 계획하는 지에 따라 다양하게 올라갈 수 있다.
· 질	요즘 한창 또는 계속해서 뜨는 스포츠이기 때문에 질은 향상시킬 수 있다.
· 공익성	자신이 제한된 시간에만 온다면 언제든지 올수 있다.
· 환경친화성	실내·실외이기 때문에 보통이다. 암벽센터주위에 풀과 나무가 많다. 그렇기에 보통이라고 본다.

부록 2

윈도우7 단축키 모음
한글 2010 단축키 모음
엑셀 2010 단축키 모음
파워포인트 2010 단축키 모음

부록 1. 윈도우7 단축키 모음

시작메뉴 보이기	⊞
바탕화면보기	⊞ + D
바탕화면보기2	⊞ + M
윈도우탐색기열기	⊞ + E
파일 검색창	⊞ + F
실행창	⊞ + R
프로그램 이동	⊞ + Tab
윈도우 도움말 실행하기	⊞ + F1
시스템 등록정보	⊞ + Pause/Break
앞으로 / 뒤로(Internet)	Alt + 방향키
시스템 메뉴 호출	Alt + Space Bar
등록정보 보기	Alt + Enter
프로그램 종료	Alt + F4
프로그램 이동	Alt + Tab
응용프로그램의 파일 메뉴 호출	Alt + F
프로그램 강제 종료	Ctrl + Alt + Delete
시작메뉴 부르기	Ctrl + Esc
현재창 닫기	Ctrl + W
MDI 프로그램 문서닫기	Ctrl + F4
복사하기	Ctrl + C
잘라내기	Ctrl + X
붙여넣기	Ctrl + V
모두선택	Ctrl + A

부록2. 한글 2010 단축키 모음

기능	단축키
도움말	F1
찾기	F2
블록 설정	F3
구역 설정	F4
셀 편집	F5
스타일	F6
편집 용지	F7
맞춤법	F8
한글↔한자/한글로	F9
메뉴	F10
자판배열 보기	Alt + F1
글자판 바꾸기	Alt + F2
다음 창으로 이동	Alt + W
불러오기	Alt + o
저장하기	Alt + S
인쇄하기	Alt + P
문단모양	Alt + T
글자모양	Alt + L
문서 맨 처음으로	Ctrl + PgUp
문서 맨 끝으로	Ctrl + PgDn
프린터 설정	Ctrl + P
쪽나누기	Ctrl + Enter
문자표	Ctrl + F10
(개요번호) 삽입	Ctrl + Insert

부록3. 엑셀 2010 단축키 모음

기능	단축키
도움말	F1
이동 대화상자 표시	F5
리본 메뉴 표시 또는 숨기기	F10
다른 이름으로 저장/대화 표시	F12
화면에 보이는 셀만 선택	Alt + ;
현재 열의 고유 데이터 목록 표시	Alt + ↓
화면단위로 왼쪽으로 이동	Alt + PgUp
화면단위로 오른쪽으로 이동	Alt + PgDn
현재 셀에서 줄 바꿈	Alt + Enter
현재 범위의 데이터 차트 생성	Alt + F1
A1셀로 이동	Ctrl + Home
현재 열 전체 선택	Ctrl + Space Bar
현재 셀이 들어있는 배열 선택	Ctrl + /
현재 날짜를 입력	Ctrl + ;
선택된 행 또는 열을 삭제	Ctrl + -
선택한 행을 숨김	Ctrl + 9
선택한 열을 숨김	Ctrl + 0
개체 숨기기/표시전환	Ctrl + 6
윤곽 기호를 표시하거나 숨김	Ctrl + 8
오른쪽으로 채우기	Ctrl + R
실행 취소	Ctrl + Z
다시 실행	Ctrl + Y
바꾸기 대화상자 표시	Ctrl + H
아래로 채우기	Ctrl + D

부록4. 파워포인트 2010 단축키 모음

도움말	F1
시계방향으로 다른 창으로 이동	F6
다음 창으로 전환	Alt + Tab
이전 창으로 전환	Alt + Shift + Tab
현재 창 닫기	Ctrl + W
현재 창을 원래 크기로 복원	Ctrl + F5
현재 창을 아이콘으로 최소화	Ctrl + F9
선택한 창을 최대화하거나 복원	Ctrl + F10
오른쪽으로 한 단어 삭제	Ctrl + Delete
선택한 개체 오려내기	Ctrl + X
선택한 개체 복사	Ctrl + C
선택한 개체 붙이기	Ctrl + V
마지막 작업 취소	Ctrl + Z
마지막 작업 다시 실행	Ctrl + Y
문자 서식 바꿈	Ctrl + T
굵은 글꼴	Ctrl + B
밑줄	Ctrl + U
기울임꼴	Ctrl + I
아래 첨자	Ctrl + +
하이퍼링크 삽입	Ctrl + K
가운데 맞춤	Ctrl + E
양쪽 맞춤	Ctrl + J
왼쪽 맞춤	Ctrl + L
오른쪽 맞춤	Ctrl + R